Gebrauchsanweisung
für Kathmandu und Nepal

Christian Kracht
Eckhart Nickel

Gebrauchsanweisung
für Kathmandu und Nepal

Piper München Zürich

Mehr über unsere Autoren und Bücher:
www.piper.de

ISBN 978-3-492-27564-4
© Piper Verlag GmbH, München 2009
Karte: Eckehard Radehose, Schliersee
Gesamtherstellung: CPI – Clausen & Bosse, Leck
Printed in Germany

Dieses Buch ist unserem guten Freund Barun Manandhar gewidmet, ohne dessen unermüdliche Erläuterungen, Großzügigkeit, Gastfreundschaft und vor allem Humor wir Nepal nie kennen- und liebengelernt hätten.

Nature is the only ruler. I shit on flags.
Reinhold Messner

Inhalt

Einleitung

Sein Leben lang schneidet er Gras und verdient wenig Geld,
er möchte für sein Volk einen Brunnen bauen,
damit er erinnert wird nach dem Tode,
dieser Grasschneider lebt in Armut,
ich habe nichts erreicht, obwohl ich wohlhabend bin.
Banubhakta Achari

Anfang des neuen Jahrhunderts kamen wir nach
Nepal, auf der Suche nach einem Land, das für uns die
größtmögliche Ruhe mit gleichzeitiger Unordnung
vereinen konnte. Unsere verworrenen Lebensläufe
brachten es mit sich, auf dem Erdenball ein nomadi-
sches, unstetes Dasein geführt zu haben, geprägt von
großen Erwartungen, noch größeren Enttäuschungen, sonderbaren Krankheiten, Scheidungsprozessen,
Medikamentenabusus, immer wieder hastig auftre-

tenden Erleuchtungen und dem uns ewig begleitenden Gefühl, letzten Endes doch nicht am richtigen Ort zu sein. Auf dem Friedhof von Banda Neira schließlich, eine Insel der indonesischen Molukken, dessen Grabsteininschriften mit zum Trocknen darauf ausgelegten Jeanshosen unkenntlich und unentzifferbar gemacht wurden, auf jenem kleinen tropischen Inselfriedhof also verdichtete sich die Gewißheit, es sei nun Zeit, in den Himalaja aufzubrechen. *Enough of parrots*. So also Nepal.

Es sollte eine äußerst turbulente Zeit werden – ein Königreich wurde verschenkt, ein Bürgerkrieg führte in die Republik, ja, das Land veränderte sich während unseres Aufenthalts so grundlegend, daß es uns unausweichlich schien, die vielen auf den ersten Blick vielleicht unzusammenhängenden und schwer erklärlichen Erlebnissplitter so aufzuschreiben, daß sie eine gedankliche Essenz des neuen Nepal, eines Landes im Zustand der Transformation, ergeben mochten.

Bereits beim allerersten kurzen Besuch nahm uns Nepal gefangen. Das Licht, wie können wir es beschreiben? Es war Ende Mai, und die dunstige Trockenheit der Frühlingsmonate verwandelte sich gerade in eine sanfte und milde Sommergrüne. Die vielen in das Newarital fließenden Bäche ließen die gesamte Umgebung Kathmandus als überbordende

Kulisse für die erhabene Freundlichkeit des nepalesischen Volkes erscheinen. Winzige Ziegelfabriken lagen über das Hochtal verstreut wie in heiliger Kinderlaune absichtslos vergessene Bauklötze. Papierne, gelbe Drachen flatterten über den Dachterrassen. Kleine Grüppchen tibetanischer Mönche wichen auf dem Weg zur Stupa elegant und gelenkig den Bussen aus. Junge Hunde balgten sich im Dreck. An den Straßenrändern trocknete man ganze rote Teppiche von Chilischoten in der Sonne.

Am dritten Tag, wir hatten gerade im uns damals noch unbekannten italienischen Restaurant »Fire and Ice« zwei Pizza Quattro Stagioni gegessen, zogen mit einemmal – es war der erste Juniabend – ungewöhnlich dräuende Monsunwolken über dem Tal von Kathmandu auf. Der Himmel färbte sich tiefrosa und orange. Die Stille war in ihrer Vollkommenheit entsetzlich. Eine schreckliche Vorahnung befiel uns zum Nachtisch – einer Schale frischer Erdbeeren mit durch die erdrückende Schwüle fast flüssig gewordener Schlagsahne.

Einer der Kellner wischte unruhig mit dem Tuch über den längst sauberen Tisch, die Kassiererin faltete die zerlesene Ausgabe der *Kathmandu Post* und schob sie unter den Tresen. Eine Gruppe österreichischer Trekker hielt plötzlich inne und schwatzte nicht mehr. In der Ferne erklang erst eine schrille Sirene, dann zwei, drei, viele. Menschen strömten auf die Straßen, sanken weinend auf die Knie, schlugen sich mit den Fäusten wehklagend an die Stirne, und die grausame Nachricht verbreitete sich in der Hauptstadt Kathmandu so rasch und schleichend wie einst Senfgas in den Schützengräben von Ypern und Malmedy. Es hieß, der Kronprinz habe erst seine gesamte Familie mit Schnellfeuergewehren erschossen und dann sich selbst.

Was in dieser Nacht wirklich geschehen war, ist bis heute völlig unklar. Die fast vollständige Auslöschung der regierenden Königsfamilie sollte das Land in einen Zustand apathischer, zitternder Wut versetzen. Der gewaltsame Tod König Birendras, der die lebende Inkarnation des Gottes und Weltenlenkers Vishnu darstellte, markierte den Punkt ohne Wiederkehr in der Geschichte Nepals.

Birendra war der letzte Monarch, der die uneingeschränkte Sympathie und Unterstützung seines Volkes genoß, stets hatte ihn eine Aura der Unfehlbarkeit umgeben, aber im Verlauf nur einer einzigen Nacht wurde das Göttliche zerstört – im Grunde nur dem Moment vergleichbar, als zur Kapitulation der Japaner im Zweiten Weltkrieg die zerbrechliche Stimme des Tennos, des Kaisers, im Radio erklang. Es war die

Stimme nicht eines Kaisers und Gottes, sondern eines Menschen.

Ganz ähnlich im Jahre 2001 der Schock und die Erkenntnis, der nepalesische Gott-König Birendra sei nicht kugelfest, nicht unsterblich.

Viele Nepalis wählten in diesen erschütternden Tagen die rituelle Selbsttötung – im Sanskrit *jal-samadhi* genannt – durch den Sprung in den sich durch Kathmandu windenden Fluß Bagmati, andere wiederum zogen es vor, ihren Schmerz in Verse zu gießen – traditionell gehört das kleine Land im Himalaja zu den Regionen der Erde mit der höchsten Dichte an lebenden Poeten. Daher haben wir den zwölf Kapiteln dieses Buches respektvoll die Verse einiger großer nepalesischer Dichter vorangestellt, die bislang leider noch nicht auf Deutsch übersetzt sind. Dank der Hilfe Barun Manandhars war es uns möglich, trotz unseres leider immer noch sehr rudimentären Verständnisses der überaus reichen nepalesischen Sprache diese Gedichte ins Deutsche zu übertragen.

Daß das Base Camp des Everest vermüllt ist, die Überzahl der Nepalis erschreckend arm, Kathmandu von Smog und Abgasen eingehüllt, wollen wir Ihnen nicht erzählen, diese Wahrheiten sind im Internet schnell und beliebig zu erfahren. Statt dessen haben wir uns bemüht, Ihnen das Kaleidoskop dieses winzigen, wundervollen Landes, dessen Reinheit in seiner Seele wohnt und das sieben der zehn höchsten Berge unseres Planeten beherbergt, so zu zeigen, wie es uns vergönnt war hineinzuschauen: Namasté.

Christian Kracht & Eckhart Nickel
Flouville, bei Montigny sur Avre
Spätsommer 2008

Wege nach Nepal

Klöster –
Dachfirst, Schutz und Höhle!
Station oder Endstation der Reise –
Ach, vergiß es.
Wenn ich Wasser bin,
dann schwimme ich die Reise eben
Wenn Du Wasser bist,
dann
ist es wieder das Marijuana gewesen.
Ishwar Ballabh

Nepal ist uneinnehmbar. Die Anreise in das Hochtal von Kathmandu prägt entscheidend den ersten Eindruck, den der Neuankommende von Nepal gewinnt. Das leider eisenbahnlos gebliebene Land erlaubt, genau genommen, nur zwei Möglichkeiten des *rapprochement*: zu Fuß beziehungsweise mit dem Bus, was bei der immer noch stark vernachlässigten Straßenbauarbeit manchmal auf dasselbe hinausläuft, oder per Flugzeug. Der Landweg, zumeist von Indien – seltener vom tibetanischen Lhasa kommend –, trägt immer noch den Makel des verzweifelten Versuches der britischen Armee, im neunzehnten Jahrhundert Nepal zu erobern.

Die Engländer marschierten aus der subkontinentalen Tiefebene, das lockende Ziel in Form von dunstverschleierten und schneebedeckten Berggipfeln immer so vor Augen wie bei den in *Tim in Tibet* beschriebenen Alkoholwanderungen Kapitän Haddocks, der irgendwann hochinspiriert und mit doppeltem Tempo nach Leerung einer halben Flasche seiner Lieblingsspirituose Loch Lomond so schnell losrennt, daß bald kleine Staubwolken hinter und unter seinen Stiefeln erscheinen.

Beflügelt durch ihre kolonialen Eroberungen, marschierten die Briten also los, zunächst schien alles ein leichtfüßiger Spaziergang, doch bald mußten sie erkennen, daß vor der Einnahme von Kathmandu noch das Überwinden der sogenannten Mahabharat-Kette geleistet werden mußte, ein besonders durch die unzähligen Stechmücken, die in den mannigfaltigen Verzweigungen der aus dem Gebirge herabfließenden Karnali-, Yaranali- und Bagmati-Flüsse gute Lebensbedingungen vorfanden, schwieriges Unterfangen. Bald verlangsamte sich der Treck – nicht durch Kämpfe, sondern durch unzählige Malariatodesfälle, die von den hinter Wegbiegungen versteckten Magar-Nepalis hocherfreut beobachtet wurden. Schließlich glich das Los der Briten tatsächlich dem Kapitän Haddocks, der irgendwann beim Laufen betrunken einschläft und träumend gegen eine Steinstupa rennt – aus, vorbei. Nepal blieb von den Briten und allen anderen Fremdmächten uneingenommen, das Gebirge wird im Volksmund seitdem auch gern Malariabarata genannt.

Nepal wurde also, trotz der Anstrengungen des Empires, einen weiteren, britisch besetzten Pufferstaat zwischen Indien und das zaristische Rußland zu schieben, niemals kolonialisiert, was einerseits an den erwähnten Anopheles-Schwärmen lag, andererseits aber auch an der fast erschreckenden Renitenz des kleinen Volkes im Himalaja.

Im Vertrag von Sigauli aus dem Jahre 1810 sicherte sich Großbritannien das winzige Königreich Sikkim und einen Teil des südnepalesischen Flachlandes, das Terai, dafür wurde die Unverletzlichkeit der Grenzen Nepals garantiert – von 1816 bis ins Jahr 1952 galt Nepal als verschlossenes Land, Ausländer durften sich nicht dort aufhalten, und der britische *resident* und seine wenigen Mitarbeiter waren die einzigen Fremden, die Kathmandu bis Anfang der Fünfzigerjahre überhaupt zu Gesicht bekamen. Bis ins Jahr 1952 also war das Land gleichsam im Mittelalter stehengeblieben. Ungefähr zeitgleich mit der Unabhängigkeit Indiens erschien ein neuer König, seine Majestät Tribhuvan Bir Bikram Shah, der das Land öffnete und modernisierte.

Durch diese gut 150 Jahre währende Abgeschiedenheit erklärt sich auch der fast katatonische Schock, in dem sich die Nepalis nur wenige Jahre später, 1966, befinden sollten und der bis heute deren Mentalität auf entscheidende Weise prägt; 1966, genauer, zu Weihnachten in diesem Jahr, kamen die ersten Hippies.

Ahnvater der Erkenntnisreisenden war, ist und bleibt Hermann Hesse, sieht man von Waldemar Bonsels einmal ab. Inspiriert von Hesses Morgenlandfahrt, in der er beschrieb, wie die Pilgersehnsucht gen Subkontinent in die westlichen Herzen wie ein Meteor eingeschlagen war, brachen die zivilisationsmüden Glückssucher auf, mit einem verlockenden Mantra als Reisegebet: »Christmas '66 in Kathmandu«.

Irgendwann im sehr stickigen, schwülheißen Sommer des Jahres 1966 machten sich also junge Menschen von den verschiedensten Orten Europas und Amerikas auf, verabredet zum Beispiel in den damals in Deutschland als prärevolutionäre Nachrichtenkette eingerichteten Diskotheken namens »Tangente« (etwa in Marburg oder Heidelberg), wobei weder Weg noch Verkehrsmittel feststanden, nur eben das zeitliche und räumliche Ziel: Christmas in Kathmandu. Die linguistische Verheißung des Wortes Kathmandu, das noch viel fremder klang als jede Stadt in Indien, Afrika (außer vielleicht Timbuktu) oder Peru, mystischer auch durch den geographischen Platz am Giebelfirst des Daches der Welt, befeuerte die oft mit sexuellen Befreiungstheorien aufgeladenen Phantasmen: VW-Busse wurden mit dünnen, großäugigen Mädchen, psychotropen Substanzen und Pumpernickel vollgeladen und ostwärts gefahren, manche nahmen auch einfach den Rucksack und bestiegen den Hellas-Expreß nach Athen, um von dort aus über Istanbul und mit der ehemaligen, 1912 vom zweiten Deutschen Reich unter Kaiser Wilhelm feierlich eingeweihten Bagdad-Bahn in den Orient vorzudringen.

Zuvorderst unter den Lockmitteln war die Kunde vom nepalesischen Haschisch über die jungen Freaks gekommen; es solle freilich fünfmal stärker sein als alles bisher Bekannte, potenter sogar noch als der berühmte Schwarze Afghane und in Kathmandu praktisch umsonst in den Straßen verteilt werden – so machte sich jene Schar auf, von der Schore zu kosten. Zuerst war es nur ein Rinnsal (zur Initialzündung Christmas 1966 erreichten ganze 112 Hippies ihr Shangri-La), im nächsten Jahr waren es bereits mehrere tausend, das darauffolgende Jahr brach der Damm; dreißigtausend westliche Langhaarige fanden den Weg in das seit Jahrhunderten von allen äußeren Einflüssen abgeschottete Bergtal.

Die streng reglementierte, in ein jahrtausendealtes Kastensystem eingebettete nepalesische Gesellschaft reagierte zuerst mit stoischer Gelassenheit, dann aber mehrten sich die Fälle offensichtlich geistesgestört gewordener westlicher Frauen, die nackt schreiend durch die Altstadt rannten, mit dem Maul im Müll stochernde Kühe umarmend, um danach direkt vor dem Vishnu-Heiligtum des Pashputinath-Tempels heftig masturbierend und weinend zusammenzubrechen. Und dann entdeckten die Hippies auch noch das Heroin. Es war ein schwerer Zivilisationsschock, auf beiden Seiten.

Die restriktive nepalesische Visumspolitik ist noch heute eine direkte Folge der moralischen Verwüstung jener Zeit – Ausländer dürfen sich heute maximal sechs Monate innerhalb eines Kalenderjahres in Nepal aufhalten (siehe auch das aus bürokratischen Gründen nicht existierende Kapitel »Bürokratie«). Bereits 1972 gab es das erste Hippie-Pogrom; der damalige König Birendra kriminalisierte erst den Verkauf, Besitz und Gebrauch von Haschisch für Ausländer, eine Hetzjagd durch die engen Gassen von Kathmandu begann, die Hascherbars wurden plötzlich nicht nur von den früher dort regelmäßig ein und aus gehenden Polizisten gemieden, sondern rigide geschlossen, dann warf der König kurzerhand alle Langhaarigen aus seinem Königreich hinaus.

Diejenigen, die bleiben wollten, schnitten sich die Haare und begannen, Kleidung zu tragen – die Freak Street, jene legendäre, bis heute so benannte Gasse, auf der sich Hascherbars an Schallplattenläden reihten, verstaubte zusehends, und die nepalesische Gesellschaft erlebte eine *clôture*, aus der Ende der Siebziger ein neuer, im Sinne Edward Saids zu verstehender Orientalismus erwuchs; der der Trekker.

Das neue Gravitationszentrum Kathmandus wurde der Stadtteil Thamel; der Neuseeländer Tony Wheeler hatte mit seinem Buch *South-East Asia on a Shoestring* eine Art anti-bourgeoise Fibel für Rucksacktouristen verfaßt, die einerseits nicht gewillt waren, mehr als ein bis zwei Dollar für eine Hotelübernachtung zu zahlen, andererseits auch nach sechs Wochen zurück an ihrem Studienplatz in Northumberland oder Uppsala sein mußten. Tony Wheeler schrieb in schnörkellosem, gleichzeitig aber auch abgehobenem Stil darüber, in welchem Guesthouse die Matratzen Flöhe hatten, wo das Reisgericht überteuert und nicht nur, zu welcher Jahreszeit man am besten in die Berge des Himalaja aufbrechen sollte, sondern auch, wie man den schwierigen moralischen Spagat meistert, einen Porter / Sherpa anzuheuern, der recht ergeben das Gepäck den Berg hinauf- und hinabträgt, dafür sehr wenig Geld erhält, was eben ein bißchen so aussieht, als sei er, nun ja, ein Sklave.

Tony Wheelers dialektisches Genie zeigte sich durch seine Erklärung, die Porter / Sherpas seien eben auf diese Arbeit angewiesen, durch das erwirtschaftete Geld könnten die jungen Männer ganze Familien ernähren und so weiter. Dies entsprach exakt dem Modell, das der Heidelberger Politikwissenschaftler Dieter Nohlen in seinem *Lexikon Dritte Welt* als Folge der *denial*-Theorie mit dem Terminus des spätkapitalistischen Rechtfertigungsdilemmas brandmarkte. Bis heute haben einige Trekker das Schuldgefühl nicht ganz ablegen können; schlechtes Gewissen allein läßt viele junge Touristen noch heute ihr schweres Gepäck siebzehn Tage auf ihren Schultern, ohne Porter, um das Annapurna-Massiv herum tragen.

Apropos *denial*: Tony Wheeler, dessen beispielhafte Karriere im Dreieck Kathmandu – Kabul – Goa begonnen hatte, ist heute ein sehr reicher Mann, vor kurzer Zeit verkaufte er seinen Lonely-Planet-Verlag an die britische BBC für 300 Millionen Pfund. Die Endmoränen seiner soziokulturellen Verwüstungs-orgie des gesamten Planeten sind heuer am besten in Kathmandu, im Stadtteil Thamel, zu besichtigen.

Der steile Aufstieg und tiefe Fall der Hermann-Hesse-Gesellschaft

Die Faust geballt unter der Achsel, und darin all mein Angespartes
zieh ich dahin, zu folgen dem Dämon des Festes
eine Schimäre nur, denn Tod und Leben kleben mir am Fleisch
nur locker angebunden durch den Strick der Zeit,
ein Büschel Gras, mehr nicht, das ist es, was
mir Tag und Abende zusammenhält.
Tulsi Diwas

Als wir im Jahr 2004 die Redaktionsräume unserer Literaturzeitschrift DER FREUND in Kathmandu bezogen, standen bald die ersten Vertreter der Hermann-Hesse-Gesellschaft im Foyer des Hotel Sugat, um sich vorzustellen. Es waren der Präsident, Herr Ramesh Adikhari, und sein Adjutant, Kundan Shresta, seines Zeichens Juwelier. Herr Adikhari trug streng zurückgekämmtes, silbernes, langes Haar und ähnelte einer nepalesischen Version von Sky Dumont. Ihm fehlte vorne ein Zahn. Er trug dunkelbraune Slacks und ein Westernhemd mit Silberapplikationen. Aus seiner abgewetzten Ledertasche zog er sogleich einige Pressemitteilungen, von einer gewissen »Dame Dewaki« verfaßt, die uns klarmachen sollten, welchen absolut zentralen Platz die Hermann-Hesse-Gesellschaft im kulturellen Leben Nepals einnahm.

Wir baten Herrn Adikhari und Herrn Shresta sofort zu uns hinauf ins Büro, servierten Zitronentee, Whisky, Nüsse, Barfi und Rasbari (gezuckerte Milchbällchen), und bald waren wir in ein zutiefst philosophisches Gespräch über das kulturelle Erbe Hermann Hesses in Nepal verwickelt. Adikhari hatte gerade, so erzählte er, die erste nepalesische Übersetzung von Hesses *Siddhartha* fertiggestellt, das nun unter dem Titel *Sidart*, sogar mit einem Vorwort des deutschen Botschafters – Herrn Rüdiger Lemp – versehen, in Druck gehen sollte. Mit dieser Übersetzung, so Herr Adikhari weiter, solle endlich das Mißverständnis ausgeräumt werden, Siddhartha Gautama sei Inder gewesen. In Wirklichkeit war er doch, so Adikhari weiter, während Herr Shresta mit vollem Mund zustimmend nickte, ganz sicher Nepali gewesen, geboren in der südnepalesischen Terai-Ebene, vor dem Mahabharat-Gebirge und dessen sanft geschwungenen Hügelketten, im Orte Lumbini.

Nach einem sehr kurzen Blick in die erste Ausgabe von DER FREUND fand Herr Adikhari, es sei unumgänglich, eine sofortige und weitreichende Kooperation zwischen unserem Literaturmagazin und seiner Gesellschaft einzuleiten.

Herr Adikhari beschloß nicht nur sogleich, die Präsentation seiner Übersetzung von *Siddhartha* in den Redaktionsräumen stattfinden zu lassen, sondern schlug auch vor, der Veranstaltung stünde es ganz gut zu Gesicht, einen Pressesprecher zu benennen, er denke da an seinen guten Freund, den eminenten Filmkritiker Herrn Prakash Sayami. Wir müßten lediglich Wein kaufen, weißen und roten, und als »Snacks« Yak-Käse, Pakoras, Samsa Papad, das Würzfleisch Sekuwa, Büffel- und vegetarische Momos, Erbsentaschen, Tserel und Sukuti (scharfes, geröstetes kleingeschnittenes Trockenfleisch). Ferner bräuchte die Veranstaltung ein paar illustre Gäste, die als Publikumsmagneten in den Vorabmitteilungen der Lokalpresse erwähnt werden könnten. Unser neuer Pressesprecher Prakash Sayami, so Herr Adikhari, werde das schon richten.

Wir schlugen vor, das Goethe-Institut Kathmandu als möglichen Sponsor für die Veranstaltung zu gewinnen, schließlich ging es ja um Hermann Hesse und um das erste deutschsprachige Literaturmagazin in ganz Südasien. Herr Adikhari winkte entschieden ab, während er sich ein weiteres Rasbari-Bällchen in den Mund schob. Das Goethe-Institut sei in Wahrheit doch nur ein Goethe-Zentrum, ein kastriertes Institut sozusagen, dessen einzige Aufgabe lediglich darin bestünde, in Sprachkursen jungen Nepalesen die zukünftige Auswanderung nach Deutschland zu ermöglichen. Mit Kultur hätten die verschlafenen Sprachlehrer dort doch nicht viel am Hut.

Herrn Adikharis Forderungen, so erzählte er, nach Mitteln aus dem Goethe-Etat für die mehr als gerechtfertigte Unterstützung der Hermann-Hesse-Gesellschaft seien stets abgewiesen worden, ohne Begründung, wie er betonte. Es habe gar keinen Sinn, sich mit denen zu unterhalten. Besser wäre doch, die Redaktion DER FREUND würde vollkommen unabhängig vom Goethe-Zentrum nicht nur die Veranstaltung ausrichten, sondern, und hierbei sah der Juwelier Shresta etwas verlegen auf seine Fingernägel, auch in Zukunft die Arbeit der Gesellschaft mannigfaltig unterstützen. Wir waren überzeugt und sagten begeistert zu. Herr Adikhari und Herr Shresta verabschiedeten sich mit Solidaritätsbekundungen und dem schönen Satz, die Ankunft von DER FREUND in Kathmandu sei ein wahrer Segen der Götter.

Einige Tage später, die ersten Monsunwolken erschienen drohend über den Hügeln außerhalb der Stadt, wir schraubten gerade das DER-FREUND-Schild an die Außentür der Redaktion, stand Herr Adikhari wieder mit seiner Ledertasche vor uns. Er habe ganz vergessen uns zu sagen, daß es ja gar keine Möglichkeit gebe, die Hermann-Hesse-Gesellschaft zu besuchen, da das schmale Budget keine Anmietung von Räumlichkeiten erlaube. Die gesamte Hesse-Gesellschaft befinde sich ja hier, quasi in seiner Aktentasche, und er habe über Nacht die gute Idee gehabt, unsere Redaktionsräume gelegentlich mitzunutzen, schließlich hätten wir ja Internet, ein Faxgerät, Drucker, Scanner und genügend Platz.

Er bot sich an, einen Entwurf für die Einladung zum Hesse-Abend auf unserem Bürolaptop zu gestalten, wir müßten es dann lediglich noch graphisch ansprechend umsetzen, ausdrucken, in Briefumschläge geben, zur Post tragen, frankieren und aussenden. Dies, während er zum Kühlschrank ging, sich einen Orangensaft einschenkte, Salzstangen nahm und dem eben gerade eintretenden Juwelier Shresta aus unserer Whiskyflasche anbot. Die Idee schien durchaus überzeugend.

Am Nachmittag fuhren wir mit dem Taxi in den »Bluebird«-Supermarkt, um unseren leeren Kühlschrank wieder aufzufüllen. Die aseptisch-lieblose Neonbeleuchtung des »Bluebird« gab den Blick frei auf endlose Reihen grellverpackter Tütensuppen, Trockensnacks und Kartoffelchipsbeutel. Die trotz ihrer Buntheit insgesamt nüchtern und langweilig erscheinenden, stets mit einem leichten Staubmantel bedeckten Snack-Produkte wanderten in unseren Einkaufswagen, wir fuhren vollbepackt und gutgelaunt wieder zurück. Wie schön, dachten wir, endlich Kulturfreunde und Brüder im Geiste getroffen zu haben und nun mit ihrer Unterstützung die ersten Schritte auf dem nepalesischen Gesellschaftsparkett zu machen.

In der Redaktion hatte sich unterdessen folgendes ereignet: Ramesh Adikhari, der Juwelier Shresta und ein Fremder, der sich uns als Harihar Raj Joshi vorstellte, hatten aus unserer Büchersammlung sämtliche Werke Hermann Hesses aussortiert, zum Teil auf dem Tisch ausgebreitet, zum Teil in Plastiktüten verpackt, die sie in der Nähe der Tür deponiert hatten. Die letzten beiden Flaschen Burgunder, die wir bei »Jacques' Weindepot« in Frankfurt-Sachsenhausen gekauft hatten, standen nicht nur entkorkt, sondern auch leer neben der Tür. Die Stühle waren beiseite gestellt, die drei Männer saßen auf dem Boden, unsere Kopfkissen waren kurzerhand zu Sitzkissen umfunktioniert worden. Da sie auch den letzten, uns noch verbleibenden Karton Silk-Cut-Zigaretten aus dem Duty-free entdeckt hatten, rauchten sie diese fröhlich und boten uns sofort und herzlich davon an.

Während Ramesh Adikhari sein Mobiltelefon mit den Worten zur Seite legte, unsere Land-line sei doch schließlich viel günstiger, und vom Redaktionstelefon dann unseren neuen Pressesprecher Prakash Sayami anrief, er möge nun kommen, es sei jetzt soweit, überreichte uns Harihar Raj Joshi sein 1997 erschienenes, mimeographiertes, im Selbstverlag veröffentlichtes Werk *The first German to visit Nepal*. Joshi fuhr mit der Hand liebevoll über die Seiten seines Buches, wies auf das Vorwort des damaligen deutschen Botschafters Dr. Klaus Barth hin und las uns, mit dramatischer Stimme deklamierend, vor, was der südkoreanische Mönchsschüler Ven Lim Don Mon über sein Buch geschrieben hatte; es war – als Blurb – auf der Rückseite abgedruckt, ebenso einfach wie genial: »This is one of the best publications of this century.«

Harihar Raj Joshi sah mit seinem enganliegenden Nadelstreifenanzug und den weißen, nach allen Richtungen abstehenden Haaren, die sein hageres Gesicht einrahmten, exakt aus wie der nepalesische Samuel Beckett. Mit dem Buch wies er, während der Juwelier Shresta unsere vom »Bluebird«-Supermarkt mitgebrachten Plastiktüten auspackte, sortierte und bald einen Snack, bald mal jenen kostete, auf unser Apple Powerbook auf dem Redaktionstisch hin. Ein gutes Gerät, sagte er. Es klopfte an der Tür.

Adikhari ging hin, um zu öffnen, herein kamen unser neuer Pressesprecher Prakash Sayami, der seine Plastiksandaletten mit einem leichten Schwung zu den anderen vor der Tür versammelten Schuhen schlenzte (in Nepal zieht man höflich vor Eintritt in ein fremdes Haus die Schuhe aus), und die Dame Dewaki, eine recht kleine, resolut und patent erscheinende Frau. Prakash Sayami zog aus einer Plastiktüte mehrere Bücher, legte sie auf den Tisch und stellte sich mit den Worten vor, er sei Filmkritiker, im Grunde der Siegfried Krakauer Nepals, und freue sich auf die neue Aufgabe als Pressesprecher und Liaisonmann von DER FREUND.

Puh, sagte er, dieser drückende Vormonsun, und wischte sich mit dem Handrücken über die Stirn. Ob er mal rasch duschen könne, nein, nein, er brauche nichts, nur ein Handtuch und vielleicht ein klitzekleinwenig Shampoo, nur soviel wie eine Erbse, eine kleine Nuß, mehr nicht.

Während er ins Redaktionsbadezimmer verschwand, entdeckte die Dame Dewaki diverse Handcremes, die auf dem Nachttisch standen. Sie hob inspizierend einen Tiegel hoch, schraubte ihn auf und roch daran. Ramesh Adikhari schlug vor, man müsse jetzt eine Liste von Einzuladenden erstellen, ließ sich von uns Papier geben und schrieb die Namen verschiedener Botschafter, Chefredakteure, Regierungsmitglieder und einiger Repräsentanten des Königshauses auf das sich langsam füllende Blatt. Prakash Sayami kam mit tropfnassem Haar barfuß aus dem Badezimmer, Harihar Raj Joshi saß am Powerbook, schrieb, trank ein Glas Burgunder und kicherte von Zeit zu Zeit in sich hinein.

Nun zeigte uns Ramesh Adikhari seinen auf zitronengelbem Papier ausgedruckten Busineßplan, wie er ihn auch bei der Deutschen Botschaft zur finanziellen Unterstützung seines geplanten Hauptsitzes der Hermann-Hesse-Gesellschaft vorgelegt hatte – wir erinnern uns, er war abgelehnt worden. Wir lasen:

5 Computer »P4« à 45 000 Rupien	225 000 Rupien
1 Laserprinter	35 000 Rupien
1 Scanner	15 000 Rupien
5 Stromstabilisatoren à 800 Rupien	4 000 Rupien
1 Schreibmaschine	10 000 Rupien
1 Diaprojektor	20 000 Rupien
1 Kassettenrecorder	6 500 Rupien
3 Telefonsets à 1200 Rupien	3 600 Rupien

2 Taschenrechner à 1000 Rupien	2 000 Rupien
9 Stühle	14 100 Rupien
5 Tische	19 000 Rupien
4 Regale	26 500 Rupien
1 Sofaset	6 000 Rupien
Sonstige Möbel	20 000 Rupien
2 Stehventilatoren à 3500 Rupien	7 000 Rupien
3 Tischlampen à 700 Rupien	2 100 Rupien
1 Wandtafel	1 500 Rupien
4 Hocker à 450 Rupien	1 800 Rupien
1 Trinkwasserfilter	3 500 Rupien
Bürobedarf für 2 Jahre	30 000 Rupien
Büromiete für 2 Jahre	120 000 Rupien
Strom für 2 Jahre	24 000 Rupien
Verwaltungskosten für 2 Jahre	69 410 Rupien
Gehälter für 2 Jahre	108 000 Rupien
Gesamtsumme	774 010 Rupien

Die Summe von umgerechnet 7500 Euro schien uns nicht sehr hoch zu sein für die Ermöglichung zweier ganzer Jahre Arbeit, was wir den versammelten Mitgliedern und Freunden der Gesellschaft auch sofort sagten. Ramesh Adikhari sah sich lange bei uns im Büro um und meinte, als folge er einer plötzlich auftretenden Eingebung, eigentlich sei ja hier alles schon da, man brauche die Deutsche Botschaft gar nicht. Prakash Sayami nickte zustimmend, die Dame

Dewaki schob einen Tiegel der Handcreme in ihre Handtasche, und Harihar Raj Joshi meinte, man solle doch nur sehen, hier gebe es sogar einen Fernseher, den, lieber Ramesh, habe er wohl auf seiner Liste vergessen. Herzliches, gemeinsames Gelächter schallte wie ein Bergbach durch die Redaktionsräume.

Die Einweihungsparty und Buchpräsentation der Hesse-Gesellschaft war ein voller Erfolg. Abermals hatten wir uns in den »Bluebird«-Supermarkt aufgemacht, um die auf der Einladung versprochene kostenlose Bewirtung zu stemmen. Wir kauften den gesamten Vorrat an Yak-Käse, der in einem speziellen, lichtlosen Gefrierschrank neben der Kasse verwahrt war. Die Verpackung des Käses bestand aus umständlich eingeschlagener Klarsichtfolie, bei der man die mit einem Verfallsdatum bedruckten Plastikaufkleber mit einem Kugelschreiber zerkratzt und unleserlich gemacht hatte. Wir nahmen 22 Kilo.

Der Rotwein sei ein besonders vollmundiger Claret, versicherte der *store manager* und ließ uns eine Kiste extra in das Taxi packen, mit der Bemerkung, er werde einfach mit uns mitkommen, um das Entkorken und den Ausschank sachgemäß zu überwachen. Prima, dachten wir, dann mußten wir es nicht selbst erledigen. Da unser Maruti Suzuki-Taxi, das wir draußen auf dem Parkplatz hatten warten lassen, bereits mit den elf Kisten Wein, den Käserädern, den Crackern, Pfefferchips, Dosenoliven, Servietten, eingelegten Cocktailgurken und Silberzwiebeln, den Pickstäbchen, den Remouladen, Mayonnaisen und uns vollbesetzt war, ließ der *store manager*, Bahadur sein Name, wie er sich beim Verlassen des »Bluebird« vorstellte, von seinem Group-4-Sicherheitsbeamten kurzerhand ein zweites Taxi herbeiwinken. Auf seinem Mobiltelefon wählte er beim Einsteigen die Nummern mehrerer Freunde.

Als wir nach kurzer Fahrt den Durbar Square und das Hotel Sugat erreichten, hatte sich bereits eine kleine Menschentraube vor dem Eingang gebildet. Kantipur Television hatte ein Team entsendet, das in der dunklen, kleinen Lobby des Hotels darauf wartete, endlich die vorhin angekündigte Miß Nepal 2003 bei der Ankunft filmen zu können. Ramesh Adikhari stand gestikulierend an der Treppe. Da der Hotelbesitzer Barun sich geweigert hatte, direkt neben und unter dem gerahmten Portrait der Königsfamilie die nepalesische Ausgabe von Hesses *Siddhartha* zu verkaufen, lieferte sich Adikhari mit ihm ein in Zischlauten abgehaltenes Wortgefecht.

Der königliche Hofphotograph Kiran Man Chitrakar schob sich durch die Eingangstür des Hotels, dicht gefolgt von Surya Manandhar, dem Piloten der Royal

Nepal Airways und *cousin-brother* Baruns, beide schoben sich zwischen Barun und Ramesh Adikhari, der sich, den fehlenden Vorderzahn mit der Zunge befühlend, trollte. Die Menschentraube waberte nach oben.

Die Redaktion von DER FREUND war festlich geschmückt und strahlte in glänzendem, hellem Licht. Der schüchterne Hausbursche Krishna hatte rechtzeitig eine weitere Schicht weißen Bootslack an Wände und Fußboden aufgetragen. Papiergirlanden hingen von den Decken; wo keine Stühle standen, hatte Krishna einige buntbezogene Kopfkissen aus den anderen Hotelzimmern auf dem Boden ausgelegt. Der Redaktionsschreibtisch war mit Hilfe von fahlgelbem Leinentuch zu einer kleinen Weinbar umfunktioniert worden, die Gläser waren in Form einer Raute sortiert.

Manfred Treu war Professor der Tribhuvan-Universität, vom Lehrstuhl für deutsche Sprache und Literatur. Er trug ein pflaumenfarbenes Hemd aus Rohseide, die dazu passende Krawatte und Espandrilles. Er hatte ein paar selbstverfaßte Erzählungen mitgebracht, die er uns zur Publikation in DER FREUND anempfohl. Ein Attaché der finnischen Botschaft drängelte sich an ihm vorbei. Und dann erschien, ein Raunen ging durch die versammelte Menge, die junge Miß Nepal 2003, in einen zauberhaften, gelbseidenen Sari gehüllt. Der finnische Attaché, er hatte sich kurz zuvor als »Matti« vorgestellt, bekam einen starken Husten, wir steuerten ihn zur Ecke, in dem der *store manager* aus dem »Bluebird«-Supermarkt begonnen hatte, die Weine miteinander zu vergleichen, in dem er sich selbst aus allen Flaschen Gläser einschenkte und sie probierte. Die Schwierigkeit bestand darin, daß wir, wie er anscheinend vergessen hatte, ja überhaupt nur *eine* Sorte Wein gekauft hatten und so der Vergleich an sich, wie ihm anscheinend selbst nicht bewußt war, wenig Sinn machte. Als wir ihn vorsichtig darauf ansprachen, deutete er auf die Korkenhaufen neben dem Ausschank und meinte, wenn wir *eines* ja nicht wollten, dann eine Flasche, die korkte, den Gästen zuzumuten, womit er, wir stimmten ihm zu, auch vollkommen recht hatte. An dieser Stelle sei angemerkt, es möge überhaupt noch viel mehr Kommata auf der Welt geben.

Die Lesung selbst war dann eher unspektakulär, mit nur einem verstörenden Zwischenfall: Obwohl wir vorher die Stellen aus *Siddhartha*, die nacheinander in Deutsch, Nepali und Englisch vorgetragen werden sollten, genau abgestimmt hatten, kam mit dem nepalesischen Vorleser, den der Übersetzer, Herausgeber und Verleger in Personalunion, Ramesh Adikhari, eigens für den Abend ausgewählt hatte, Bewegung ins Publikum. Nach den jeweils zweieinhalb

Seiten Hesse, die bereits in Deutsch und Englisch gelesen waren, brach in dem bebrillten Mann, der ein wenig aussah wie eine indische Version von Walter Benjamin, offensichtlich auch dank der Kameras von Kantipur TV eine befeuerte Emphase aus. Er las los, die Stimme überschlug sich fast, so daß er die vorgesehenen zweieinhalb Seiten in der Hälfte der Zeit seiner Vorgänger schaffte, aber er las weiter, unerbittlich, immer schneller, vier Seiten, sechs, acht, zehn.

Der Sprecher Prakash Sayami, der besonders unbequem mit eingezogenem Knie auf dem Boden kauerte, begann sich laut zu räuspern, Ramesh winkte aus dem Hintergrund, was der in sein Buch versunkene Nepali aber nicht sah, erste Gläser fielen um, der Kameramann hielt aus Langeweile auf den Ausschnitt der norwegischen EU-Beauftragten Stine Andersen, die ihr blaues Sakko, unter dem sie lediglich ein weißes Top trug, wegen der Hitze im Raum aufgeknöpft hatte, und wäre nicht der furchtbare Direktor des Goethe-Zentrums laut mit einem »Danyabad« dazwischengefunkt, die Lesung wäre einfach so weitergegangen. »Bananenrepublik«, murmelte Professor Treu in sein Weinglas. Der Applaus war kurz und heftig.

Hinterher mußte sich, der nepalesischen Versammlungssitte gemäß, jeder Besucher, die Veranstalter mit eingeschlossen, vorstellen, indem er aufstand, um zwei, drei Sätze zu seiner Person zu sagen. Vor allem die schüchterne Miß Nepal 2003 machte sich besonders beliebt, als sie ihre große Leidenschaft für Liebeslyrik offenbarte. Als der offizielle Teil schon fast vorbei war, drängte sich ein kleiner nepalesischer Mann mit Hornbrille und Schirmmütze nach vorne, umarmte uns beide und erklärte dann vor laufenden Kameras auf Nepali, warum wir die würdigen Geistesverwandten seines großen Œevres seien und daß das, was wir hier machen würden, die Verwirklichung seines lange angekündigten Magazinprojekts sei, weswegen er nun auch die Organisation der nepalesischen Ausgaben übernehmen werde und sich darauf schon jetzt freue.

Sein Photo an unserer Seite war am nächsten Tag in allen Tageszeitungen zu sehen, mit den entsprechenden Neuigkeiten über seine Arbeit. Die darauffolgende Party war ausschweifend und von den bereits während der Lesung ordentlich bechernden und daher extrem gut gelaunten Besuchern geprägt.

Als der Rotwein komplett ausgetrunken war, griffen sich die Gäste, wie wir sahen, die noch verschlossenen restlichen Flaschen Portwein und Gin aus der Hausbar und verschwanden fröhlich hinaus in die Nacht. Ein alter, uns unbekannter Mann mit Fes auf dem

Kopf blieb bis zuletzt, rauchte Kippen aus Aschenbechern und trank alle Reste aus den abgestellten Gläsern, döste noch eine Weile auf dem Sofa, und als wir bereits begonnen hatten, höflich um ihn herumzuputzen, verschwand er ebenfalls mit den Worten: Bitte vergeßt mich nicht bei der nächsten Veranstaltung.

In den nächsten Wochen erschienen verschiedene Artikel in den Tageszeitungen der Hauptstadt, die in sich zwar stimmig, aber dennoch leicht verwirrend waren und sowohl in Orthographie als auch Recherche und *conjecture* ein Bild entstehen ließen, welches uns Nepal befremdlich und liebenswert gleichzeitig erscheinen ließ. Wir geben die Artikel aus *The Himalayan Times* und aus *Kantipur* verbatim wieder:

Nepali in German Mag
Aus: *The Himalayan Times*, Kathmandu, 29. 7. 2004

Nepal special issues of Dear Friend, a journal in German language, are going to be published under the coordination of Goethe-Zentrunk, Kathmandu. The journal will have four issues, it is said. The issues will contain German translations of Nepali literary works, according to reresentative of the Dear Friend Prakash Sayami. The editors and publishers are said to remain in Nepal till the publication of the issues, during which they are going to have interactions and discussions with the Nepali litterateurs. Meanwhile, German writer Dr. Eckhart Nickel and Swiss writer Christian Kracht have arrived in Nepal to participate in the recitation of famous novel Siddhartha written by Herman Hesse.

Foreign Literati honored
Aus: *The Himalayan Times*, Kathmandu, 10. 8. 2004

The White Lotus Bookshop, Kupondole, felicitated five international literati at a function organised at Thamel on Sunday. Those felicitated on the occasion are Irish poet Kahl Ashahi, Dr. Ekheart Nikel of Germany, Christian Kyact of Switzerland, Suyi Kanwe of America and Frank Macgoen of Britain. Welcoming the literati on behalf of the organisers litterateur Yutsu RD Sharma said the meeting with foreign literary figures will help publicise Nepali literature in the world. Speaking on the occasion the felicitated personalities expressed happiness over being honored by the Nepalis.

The gladness of small things, von Yuyutsu D. Sharma
Aus: *The Kathmandu Post*, Kathmandu, 19. 9. 2004

»Our aim is to try to give back«, says Dr. Eckhart Nikkel, editor-in-chief of Der Freund, »a little of what the kingdom of Nepal has so graciously given us: Serenity of small things, the joy of sharing.« Currently based in Kathmandu, Nepal, Dr. Nickel came under the spell of the serenity of small things the day he entered Nepal. »In fact, even before I set foot on the airport, I knew I'd entered a zone that values what I had desired all my life.« The air was so warm and the landscape a fragment from a cherished dream. Later he discovered that the people were friendly, too.

The moment he and his novelist friend Christian Kracht booked a room in Hotel Sugat in the Freak Street, they knew they had come to their destined second home. They decided to run their literary magazine »Der Freund« from Freak Street.

Dr. Eckhart Nickel, was born in Frankfurt, Germany in 1966 near a place called Bergan which has a significant literary relevance in German literature. Several German poets have written about the place – especially about the hangman who wearing a mask went to the big dance hall and there danced with the Queen. On knowing the fact that a hangman had dared to dance with king's wife, everyone in the hall waited for the aftermath. But in the long poem the king forgave the hangman and honored him immensely.

Nickel's grandfather played a significant role in his upbringing. Being brought up in Frankfurt, he could easily align himself with the literary world around him. He also worked in a book store for some time. At university along with two other friends, he wrote a novel under a pen name. The purpose of the novel was to impress a girl all three of them loved.

After his dissertation on Thomas Bernhard (Flaneur, 1997) he wrote »Ferien für Immer« (1998) together with his friend Christian Kracht, and participated in the so called; Pop-Literary Quartet »Tristesse Royale« (1999). A collection of his short stories »Was ich davon halte« was published in 2000, followed by the literary travel companion »Gebrauchsanweisung für Portugal« (2001).

He now lives and works as a writer and journalist (Süddeutsche Zeitung, FAZ) in Munich (Germany) and Kathmandu, there also as editor-in-chief of »Der Freund« (www.derfreund.com) a bilingual (German & English) literary quarterly, which will be published in Germany from September 2004.

Being formally associated with the new German so-called »Popliterature«, German weekly »Die Zeit« wrote on his collection of short stories: »His approach is different. Nickel's highly developed art of observing corresponds with a general feeling of deepest melancholia, which traces his work back to fin-de-siecle viennese modernism.« Nicholaus Sombart portrayed him as the head of »Neo-Dandyism«, while leftist German daily »taz« accused him of being »The reactionary cheerleader of neo-conservatism in cultural life«.

An individual's isolation and basic misreading and misunderstanding of human relations in a modern world remain the bottom line of Nickel's stories. We live as we dream, alone. His story gets caught in the control of language. They dramatize the art of being dissappointed with people in a sterile world. A story like »Winds of Darkness« speaks of the strange battle of unjustified human behavior.

His most controversial book remains »Tristesse Royale«. To quote »The Observer«, if one is to judge the book by the sting it causes, this is the one. Before the beginning of new millenium, five fellow-writers go for an outing and book a room in an expensive hotel. They discuss the contemporary culture, art, politics and literature and tape the entire casual conversation that later becomes a biting critique of contemporary Germany.

»After the publication of the book, we have fiendish calls, even death threats«, discloses Nickel. »It had everything – absurdity of modern life and sharp edge of high art.«

Nickel is currently busy preparing the second issue of »Der Freund«. The journal is a novel experiment in publishing literary magazines. It would carry Nepali works as well as samples of best writings from abroad. In its earlier issue I found an essay on the concept of room in the modern world very stimulating. Another essay dealt with the fact of how modern music has changed the way we look at things – the constant hammering of the mind that changes people's perspectives forever.

It would certainly come as a surprise to our literary editors, who have converted literary journalism into a profitable begging bowl.

The »Der Freund« policy does not accept advertising, nor does it punish any photographs. It leaves in the »pleasure of reading fiction, poetry and essay unencumbered by advertising, is a great calming factor in today's hectic world.« That is what Nepal has offered Nickel – the gladness of small things, joy of sharing.

Obwohl wir bei einem Europabesuch durch gesammelte Spenden insgesamt über 170 Euro zurück nach Kathmandu brachten, sahen wir die Mitglieder der Hermann-Hesse-Gesellschaft nie wieder.

Postskriptum: Die gesammelte, mit ihrem Monogramm und Ex Libris versehene Hermann-Hesse-Ausgabe aus ihrem Besitz, die Suse Nickel aus Bergen-Enkheim zusätzlich zu einer Geldspende der Hesse-Gesellschaft übereignet hatte, fand sich wenig später neu eingeschweißt zum regulären, auf dem Buchrücken vermerkten Verkaufspreis in den Regalen des »United Bookstore« in Thamel wieder.

Der dänische Besitzer Lars Braten, dessen Unterstützung von lokalen Kinderhilfsprojekten hier ausdrücklich positiv erwähnt werden muß, sagte, darauf angesprochen, ob Ramesh Adikhari, Vorsitzender der Hermann-Hesse-Gesellschaft, ihm die Exemplare verkauft habe, er würde es generell schätzen, wenn Menschen, die ihm gebrauchte Bücher verkaufen, auch etwas davon verstünden. Außerdem würde er, gerade was seine besten Lieferanten anbelangt, generell Stillschweigen bewahren. Nach diesem wenig erfreulichen Gespräch verwies Braten uns kurzerhand des Geschäfts. Unsere Bücher könnten wir in Zukunft drüben im »Pilgrims Book Shop« kaufen, oder gleich unten, beim Billigheimer »Walden«.

Post Post Skriptum: Vielleicht hatte die lokale Presse doch einen Grund, den Namen des irischen Männerpoeten Cathal O'Searchaigh in der Meldung »Foreign Literati Honoured« so vollkommen falsch als Kahl Ashahi zu präsentieren. Sein Auftritt bestand schon damals vor allem im Preisen der jungen scheuen nepalesischen Dichtertalente, die er um sich versammelt hatte. Nun erreichte uns folgende Meldung: Eine junge ambitionierte indische Regisseurin habe die von ihr gefilmte Reportage zur Hilfsarbeit O'Searchaigs bei der Ausbildung und Betreuung vor allem männlicher nepalesischer Jugendlicher schamlos dazu ausgenutzt, dem Dichter auch ein paar persönliche Worte zu entlocken. Darunter folgendes Zitat: »Boys came to my room because my room is open all the time (…) Certainly I had sex with some of them; yes, yes, yes. But it wasn't coercing them into having sex with me. That door was open all the time.« Doch bereits der Filmtitel der Inderin kann als Hinweis auf die Verläßlichkeit ihrer subtilen Anklagen gelesen werden, die nun, gerade rechtzeitig zum Start ihres Films auf dem internationalen Filmfestival von Dublin, zu einer offiziellen Anschuldigung gegen den Poeten führte, die es immerhin auf Seite eins des irischen *Independent* machte. Der Titel ihrer Filmreportage: »Fairytales of Kathmandu«.

Linsen und mehr

Es ist doch Eure Stadt,
die ganze Stauden von Bananen
aus den ruralen Zonen karrt,
Und daraus Tore baut,
die Astern und auch Chrysanthemen stiehlt
und dann Tihar, das Fest der Lichter feiert,
und dazu furchtsam ihre Schenkel zittern läßt,
Ich empfehle: einfach mal mit einem echten Dorf zu reden.
Anil Poudel

Die nepalesische Cuisine, man muß es so streng sagen, ist keine der großen Weltküchen. Es fehlt ihr die Raffinesse des Französischen, die mannigfaltige Schärfe des Indischen, die Vielfalt des Thailändischen oder gar die Eleganz des Japanischen. Dafür bietet sie jedoch das einzigartige Erkenntnisvergnügen, in nur einem Gericht die Seele einer ganzen Kultur lesen zu können. Der in einem Gestus der Gastlichkeit herzlich angebotene Genuß des gern zu Hause zubereiteten Linsengerichts, zugleich die Lieblingsspeise aller Nepalis, erlaubt folgende Lesart: Das traditionelle ovale Blechtablett, in dessen Vertiefungen die nur auf den ersten Blick abwechslungsreich erscheinenden gastronomischen Bestandteile des Nationalgerichts Daal Bhat liegen, ist eine gelungene Metapher für ganz Speise-Nepal: Es gibt keine Mehrgängigkeit, das Gericht präsentiert, deutlich sichtbar, was es ist: Daal Bhat ist Linsenbrei, nicht mehr und nicht weniger.

Daneben liegen, weil man in Nepal gerne auf einmal zeigt, was man alles hat, ein Curry, das mal aus Hühnchen, Büffelgulasch oder, bei den Reicheren, aus dem überall in Nepal schwer erhältlichen Fisch besteht (er wird aus Kalkutta mit dem Lastwagen importiert). Zur Milderung der Schärfe ist eine der Schalen des Blechtabletts zudem mit dem traditionellen Joghurt gefüllt, auf dem zwei Limettenscheiben als Garnierung liegen. Dann eine kleine Portion aus Kartoffeln mit Blumenkohl und Soße, deren Farbe immer komplementär zum Curry gewählt ist, also Rot zu Grün oder umgekehrt. Die Linsen sind idealiter gelb, dann hat der Koch sich für die geschmacklich den anderen Möglichkeiten überlegene Königsvariante entschieden. Schließlich eine Art Chutney, um die Monotonie der Mischspeise etwas aufzupeppen. Das war's. Millionen Nepalis kennen nichts anderes. Tagein und tagaus Linsenbrei, ein Leben lang, mal mit Salz verfeinert, mal mit einer Knoblauchzehe gewürzt, bleibt Daal Bhat und seine einfache, oft tagelange Zubereitung die Anima Nepals. Pakoras, Büffelmomos und hartgekochte Eier, etwas Spinat hier, eine kleine Portion Okraschoten daneben, dies sind geschmackliche Abwechslungen, die außerhalb des Erfahrungshorizonts der allermeisten Nepalis liegen; sie sind schlichtweg zu teuer.

Die Vorfreude auf eine servierte Portion Daal Bhat gleicht dem Effekt, den die von Nepalis zum Essen gerne bestellte 1,5 Liter Flasche Whisky hat. Man will sehen, was auf einen zukommt, und keine Überraschungen erleben. Der Whisky *de rigeur* ist selbstverständlich, wie der ebenso beliebte Rakshi, einheimisch gebrannt. Wobei die Namen der zwei populärsten Sorten lautmalerisch ein anderes Ursprungsland suggerieren: »Wainscot« und »Bagpiper« geben und nehmen sich geschmacklich nicht viel, wobei der »Wainscot« schon durch das auf der Flasche angebrachte Etikett mit einer Hochlandschaft in Grün klar nach dem großen Bruder Glenfiddich schielt, während der »Bagpiper« die Welt des Kronprinzenscotchs »The Famous Grouse« emblematisch widerspiegelt. Mitgebrachte Import- und Duty-free-Ware dient den Nepalis eher als Währung, als Tausch- und Mitbringobjekt bei Besuchen. Auch schwierige Dienstgänge lassen sich durch die Mitführung ausländischer Whiskymarken erleichtern, hier wäre eine Flasche »Bagpiper« nutzlos. So werden diese teuren und ungeliebten Whiskyflaschen immer reihum geschenkt, weitergereicht und fast nie geöffnet, sie dienen als halbverschämte Schmückwährung des meist um einen Fernseher herumdekorierten nepalesischen Wohnzimmers. Einhergehend mit der Kultur des Scotchtrinkens ist ein weiterer Bestandteil der nepalesischen Eßkultur der nicht zu unterschätzende sogenannte »Snack«. Darunter fallen nicht nur die obligatorischen Chips und Erdnüsse, eine ganze Palette des Nahrungsspektrums wurde eigens hierzu erfunden: scharf angebratene und erkaltete Büffelsalami, hartgekochte und halbierte Eier mit Senfmayonnaise, panierte Chilierbsen, fritierte Auberginescheiben, knusprige, streichholzgroße Würzsticks und vieles mehr begleiten den Alkoholgenuß und sorgen für das stetige Anwachsen nepalesischer Männer- und Frauenbäuche.

Zum Thema Monsun und Büffelfleisch. Wer in Nepal einer privaten Einladung zum Essen folgt, sollte folgendes beachten: Fleisch wird nicht gerne im Kühlschrank aufbewahrt, sondern oftmals nach dem Einkauf beim Schlachter, der seine Waren auf einem einfachen Holzbrett feilbietet, direkt in den heimischen Küchenschrank gelegt. Innereien wie Gehirn, Pansen, Gedärm, Nieren, Herz, Lunge und Leber liegen direkt neben der oftmals ebenfalls dort versteckten Haushaltskasse. Die starke Verschmutzung der Scheinbündel überträgt einerseits Schmierinfektionen auf das irisierende Fleisch, das zum Schutz vor den noch infektiöseren Blaufliegen nur ungenügend mit Zeitungspapier abgedeckt wird, andererseits ist die Anwesenheit des Geldes natürlich auch der Grund, warum mehrmals am Tag die ungewaschenen Hände sämtlicher Familienmitglieder im Küchenschrank herumwühlen.

Übrigens: Wir wollen hier keinesfalls den Eindruck entstehen lassen, Nepalesen seien nicht fortschrittlich und allesamt Teil dieser problematischen hygienischen Praxis. Allein, wenn es um die Gesundheit geht, sollte den unvoreingenommenen Reisenden nicht die Beschreibung des in diesem Fall schlimmstmöglichen Zustands vorenthalten werden. Eine Einladung zum Essen während der Monsunmonate erfordert eben erhöhte Vorsichtsmaßnahmen. Und wenn es nur der beim Aperitif unschuldig, scheinbar aus Versehen geschehene Blick in den Küchenschrank ist. Der Moment, da man unwissend in eine Büffelmomo beißt, deren Vorgeschichte mit dem oben beschriebenen Szenario übereinstimmt, könnte einen für den Rest seines Nepal-Aufenthalts den erfahrenen Ärzten der Civic-Klinik in Kathmandu überantworten. Die manchmal nur in Nepal vorhandenen Bakterien- oder Virenkulturen führen, einmal im Körper gelandet, auch lange Zeit nach der Rückkehr ins Heimatland ein enorm renitentes Eigenleben, und manchmal erzwingt Monate später, Nepal ist längst verlassen, ein unerklärliches Symptom den Gang zum Tropeninstitut oder auch den finalen Gang zum Leichenhaus.

Eines doch noch zum Büffelfleisch. Kühe sind Hindus bekanntlich heilig, stellen sie doch das Sinntier der Urmutter dar, das Verbot ihrer Schlachtung und Verspeisung mag man am ehesten mit dem menschlichen Inzesttabu vergleichen. Da aber die nepalesischen *cousin-brothers* der indischen Hindus gerne Beef essen, wird zur Rechtfertigung eine leichte semantische Verschiebung vorgenommen – aus *Beef* wird in den Speisekarten und beim Schlachter kurzerhand das Wort *Buff*. Wenn man es nicht als solches bezeichnet, so die zwingende, Wittgensteinsche Logik der Nepalis, dann ist es auch nicht das Bezeichnete. Die Herkunft der zum Verzehr freigegebenen Büffel mag auch noch dazu beitragen, daß man den Genuß des im Vergleich zum Rind eher zähen Fleisches als fragwürdig betrachten kann. Woher sie kommen und wie sie transportiert werden, erschließt sich bei einer einfachen Bus- oder Jeepreise auf dem Prithvi-Highway quer durch Nepal. Die doppelstöckig beladenen Tata-Trucks, die einem dabei begegnen, sind Fleischtransporter auf dem Weg von Indien nach Kathmandu. Oftmals quellen viel zu viele Tiere dabei aus den Rostgittern der Ladeflächen, die Augen ins Weiße verdreht, verendend, vielleicht schon tot.

Die Yaks aus den Hochtälern und von den regenlosen Plateaus jenseits des Transhimalajas sind zumeist ausgerottet, Käse, Butter und Yoghurt (*curd*) und eine einheimische Zigarettenmarke werden noch nach diesem halbmythischen Tier benannt, die Milchprodukte werden aber zunehmend aus Indien oder aus Australien importiert. Überhaupt scheint Nepal sich zunehmend zu einem Importland zu verwandeln. Nicht nur die Übermacht der preiswert herstellbaren Waren in China oder Indien führt zur Verdrängung simpelster einheimischer Produkte, sondern auch der Umstand, daß das zentralistische Kathmandu oftmals wochenlang durch Streiks oder Aufstände von seinem produzierenden Hinterland abgeschnitten wird und sich gezwungen sieht, seine 1,4 Millionen Einwohner anderweitig zu versorgen.

Der unter dem simplen Slogan und dem gleichnamigen Telefonnetz »mero mobile« (übersetzt in etwa: mein Mobiltelefon) vermarktete Kommunikationswahn der Gegenwart zum Beispiel ist ebenfalls, was die Geräte anbelangt, mit chinesischen Kopien gängiger Modelle von Motorola und Nokia überflutet. Wer dieser Tage auf dem Tribhuvan-Flughafen landet, wird nicht mehr nur von den müden Zollbeamten und ihrem antiquiert anmutenden riesigen Röntgengerät begrüßt, bei dem, wir haben es oft genug beobachten dürfen, nurmehr das Laufband zum Durchschleusen der Gepäckstücke funktioniert (die grün und rot leuchtenden Plastikaugen an der Seite sind lediglich ein Beweis für den Stromanschluß); nein, nun darf man beim Warten auf die Koffer auch auf einem monumentalen, grob verpixelten Bildschirm sehen, wie sich das moderne Nepal selbst versteht: Ein Kurzfilm zeigt eine in ebendieser Halle, in der auch der Bildschirm und die Ankommenden stehen, ankommende verjüngte Ausgabe von Scarlett Johannsson, die beim Warten auf ihren Koffer das Mobiltelefon anschaltet, dessen Sendewellen sofort die wichtigsten touristischen Attraktionen aufleuchten lassen und vor all diesen Scarletts nepalesische Freundin, die anscheinend überall gleichzeitig ist. Die Botschaft des Mero Mobile Spots ist klar: Nur mein Mobiltelefon verbindet mich mit der Welt, und wenn es auch nur der kleine Ausschnitt der Welt ist, in dem ich ohnehin gerade stehe und zu dem ich eigentlich auch gar keine Verbindung benötige – ein gutes Bild für die Mobiltelefonie an sich, wie wir finden.

Andererseits bietet die Tourismusindustrie, wird sie nicht von dem Auf und Ab der politischen Instabilität negiert, ein ordentliches Einkommen für Millionen von Nepalis. Die tonnenweise ins Land geschafften Trekking- und Bergsteigerausrüstungen, die in Kathmandu denjenigen Touristen angeboten werden, die sich erst nach der Anreise für die Möglichkeit interessieren, die Bergwelt eines Landes kennenzulernen, welches immerhin acht der 14 Achttausender unseres Planeten beherbergt, sind allesamt mehr oder minder krude Fälschungen. Fleecejacken, Zeltstangen, Daunenschlafsäcke, Karabinerhaken, Gletscherbrillen, Steppwesten, Rucksäcke, Seile und Bergstiefel tragen zwar die Insignien von Firmen wie »Patagonia«, »Gore Tex«, »Jack Wolfskin«, und »Meindl«, sie sind jedoch allesamt von zehnjährigen Kinderarbeitern in Guangzhou und Kunming hurtigst und unter dem Diktat der Profitmaximierung zusammengebastelt worden.

Wer sich auf eine Expedition ins Annapurna-Massiv oder gar zum Everest selbst begeben will, sollte auf den Gebrauch dieser Produkte besser verzichten. Plötzlich auftretende Wetterumschwünge auf 5000 Meter Höhe stellen jene Fälschungen vor Zerreißproben, denen die lose zusammengeflickten Stoffteile und nur mit Papierschnipseln oder höchstens Sägespänen gefüllten Daunenprodukte kaum gewachsen sind.

Auch die Schutzschicht der angeblich mit UV-Strahlensiegeln versehenen Gletscherbrillen, die vorgeblich die Schneeblindheit verhindern sollen, zerbröselt noch vor dem Erreichen des höchsten Sonnenstandes um die Mittagsstunde. Die Sohlen der Wander- und Bergstiefel sind lediglich mit den minimalen Restbeständen des Klebstoffes an den Schuh gepappt, die während des Zusammenflickens – um diese mühsame Arbeit überhaupt ertragen zu können – von den chinesischen Kindern nicht weggeschnüffelt worden sind. Die Karabinerhaken und Zeltstangen werden indes aus eingeschmolzenen Aluminiumkleiderbügeln gegossen, und bei den neonfarbenen Seilen löst sich just in dem kritischen Moment, da der Alpinist über der Gletscherspalte hängt, die vermeintliche Polymer-Karbonverbindung auf wie ein seit Stunden im Munde behaltener Kaugummi. Also Obacht vor diesen mehr als kruden Imitaten.

Daß die Imitation jedoch auch in die entgegengesetzte Richtung, nach China, geschehen kann, zeigt uns ein Blick in die Architekturgeschichte Nepals. Der im Kathmandutal in den mittlerweile fast ineinander übergehenden, früher miteinander rivalisierenden Königsstädten Patan, Kathmandu und Bhaktapur vorherrschende Tempelbaustil der Pagode fand hier seinen Ursprung und breitete sich, laut dem Architekturwissenschaftler Adrian Snodgrass, von diesem kleinen Bergtal kommend über ganz China, Korea, Vietnam und Japan aus.

Der Ruf der nepalesischen Handwerker, die es verstanden, selbst mehrstöckige Pagoden vollständig aus Holz zu fertigen (als vollendetes Beispiel mag hierfür die fünfstöckige, atemberaubende Nyatapole-Pagode in Bhaktapur dienen) und hierbei geschickt die Fugen der Bauelemente ebenfalls mit Holz zu verbinden, also ganz ohne Eisennägel auszukommen, gelangte über die alte Salzstraße nach Tibet und schließlich bis in die großen Städte Chinas. Die nepalesischen Baumeister wurden – analog hierzu, viele Jahrhunderte später, die Bestellung des Jazzmusikers Barney Kessel an den nepalesischen Königshof – nach China gerufen, um dort ihre außerordentliche Kunstfertigkeit zu beweisen. Die Pagodentempel Japans zeugen noch heute vom Einfluß Nepals; besonders hervorzuheben ist hier der To-ji-Schrein in der alten Hauptstadt Kyoto, eine ebenfalls fünfstöckige, hölzerne Pagode, die ihrerseits an den im Münchner Englischen Garten befindlichen, sogenannten Chinesischen Turm erinnert. Um die alten Baumeister aus dem Himalaja zu ehren, möchten wir hiermit die offizielle Umbenennung jenes 1790 errichteten, fünfstöckigen Bauwerks in »Nepalesischer Turm« anregen.

Ein weiterer, weltbekannter Export der kleinen Bergnation sind die wohl mutigsten Soldaten unseres Planeten, die Gurkha. Im Nepal-Krieg des Britischen Empire, in den Jahren 1814 bis 1816, waren die britischen Soldaten derart beeindruckt von der Kampfeskraft der kleinen, extrem zähen Krieger, daß sie ihrem Fürsten, Prithvi Narayan Shah, den Frieden anboten (sie waren, wie eingangs schon erwähnt, durch Malariaanfälle sowieso sehr geschwächt), wenn er ihnen, den Engländern, eine Anzahl Gurkha als Söldner überlassen würde.

Seitdem dienen die Gurkha bis zum heutigen Tage als Einheiten der Armee Großbritanniens an so unterschiedlichen Orten wie Irak, Brunei, Singapur und Bosnien, im Zweiten Weltkrieg in Syrien, Italien, Birma und Nordafrika, im Ersten Weltkrieg in Gallipoli, Palästina und in den Schützengräben Frankreichs. Im von Margaret Thatcher völkerrechtswidrig angestifteten Falkland-Krieg war der rasche Sieg der Engländer fast ausschließlich dem Ruf der Gurkha zu verdanken. Die argentinischen Soldaten waren vor den nahenden Nepalesen und ihren legendären scharf geschliffenen Krummdolchen – den Kukris – so verängstigt, daß sie sich reihenweise ergaben. Die Engländer hatten, als Musterbeispiel psychologischer Kriegsführung, unter den argentinischen Befreiern der Falklandinseln verbreiten lassen, die Gurkha-Einheiten würden ihnen mit ihren Kukris die Ohren abschneiden und als Zierschmuck, an Bindfäden aufgereiht, um den Hals tragen. Ihr Kriegsruf, ein gellend hervorgestoßenes »Jai Mahakali, Ayo Gorkhali!« (Ruhm der Göttin des Krieges, hier kommen die Gurkha!), gilt heute noch in den Straßen von Buenos Aires als Zeichen, sich sofort mit hinter den Kopf gefalteten Händen bäuchlings niederzulegen.

Die Gurkha stammen allesamt aus der nepalesischen Provinz Gorkha – in mehreren Rekrutierungslagern werden die jungen Männer mit der martialischen Parole vertraut gemacht, die ihnen zur *raison d'être* geworden ist: »Kafar Hunnu Bhanda Mornu Ramro Chhaa«, was soviel bedeutet wie: »Es ist besser zu sterben, denn als Feigling zu leben.« Nach einem langen Siebverfahren werden nur die Besten der Besten in die Reihen der Elitesoldaten aufgenommen, für jeden Platz bewerben sich jährlich Tausende junger Nepalis. Einmal aufgenommen, ernähren die Gurkha durch den vergleichsweise hohen soldatischen Sold und vor allem durch die nach den Dienstjahren erhaltene, lebenslange Pension ganze Bergtäler in der Provinz Gorkha.

Die Krieger sind Nepals ganzer Stolz – ob es Maoistenführer und Premierminister Prachanda, der mächtig genug war, das Königreich abzuschaffen, gelingen wird, die ihm und seinen Kadern verhaßten Gurkha-Soldaten ebenfalls zu verbieten, wird abzuwarten sein. Unlängst hat er verlauten lassen, man denke darüber nach, wie man die Rekrutierungsstationen schließen könne, denn, so Prachanda, »...das Söldnertum erniedrige das gesamte nepalesische Volk.« Der Kukri wird hier wohl noch ein Wort mitzusprechen haben.

Barney Kessel im »New Orleans« oder Wie der Jazz nach Kathmandu kam

Die Küsse, die Du mir verweigertest,
waren die besten,
wie die Gedichte über den See,
die ich nie schrieb.
Yuyutsu R. D. Sharma

Die Jazz-Szene in Kathmandu entwickelte sich ganz unerwartet, fast schon am Ende der Hippie-Periode. Die Bürger Nepals hatten sich damals schon an vieles gewöhnt, aber daß bestimmte Formen der experimentellen Musik ausgerechnet durch das Königshaus in das abgelegene Bergtal eingeführt wurden, sollte fast alle überraschen.

Als König Birendra Anfang der Siebzigerjahre bei einem Staatsbesuch im befreundeten Königreich Thailand von seiner Majestät König Bhumibol Adulyadej (Rama IX.) im Raucherzimmer des Palastes in Bangkok zu einer Zigarre eingeladen wurde, legte der Jazzkenner und Jazzliebhaber Bhumibol dazu die frisch importierte LP »The Soul Zodiac« von Nat Adderly auf. Gemeinsam swingten die beiden Regenten, stumm sich einander zunickend und mit den Fingern schnipsend, eine Weile vor sich hin. Zum Abschied übergab Thailands König seinem nepalesischen Gast eine Kiste mit einer Auswahl seiner Lieblingsplatten, die er wohlweislich in mehrfacher Ausführung gekauft hatte.

Birendra bedankte sich – so ist überliefert – herzlich und bestieg die nagelneue Boeing 727 der Royal Nepal Airlines. Als er rechter Hand im Flugzeugfenster die Gipfel seiner Heimat in der Abendsonne leuchten sah, erinnerte er sich an die Kiste, die sein Sekretär zum Start unter seinen Sitz geschoben hatte. Er zog die erstbeste Platte hervor. Es war der Klassiker aus dem Jahre 1956, Barney Kessels irritierend betitelte »Music to Listen to Barney Kessel by«. Es sollte die erste Jazz-LP sein, deren Klänge jemals durch die Gänge des Royal Palace in Kathmandu vibrierten.

Noch im gleichen Herbst erfuhr König Birendra, daß Barney Kessel selbst, dessen Karriere in den USA gerade stagnierte, im Moment auf einer Art weltweiter Jazzmission unterwegs sei. Das von Kessel in vielen Ländern veranstaltete Seminar »The effective Guitarist« war nicht der Erfolg, den sich der Jazzer erhofft hatte; in Indien wurde er zum Beispiel aufgefordert, seine Übungsbeispiele auf die Tonleiter der Sitar zu übertragen, was ihm zu diesem Zeitpunkt als zu schwierig erschien – die Kurse blieben leer.

An einem besonders trüben Morgen in der Lobby des sehr einfachen Hotels, in dem Barney Kessel sein Seminar anbot, trat ein junger Attaché der nepalesischen Botschaft in New Delhi auf ihn zu. Kessel war auf dem Sofa neben dem verwaisten Einschreibungstisch für sein Seminar eingeschlafen, schreckte hoch und ordnete schmatzend sein etwas durcheinandergeratenes Haar. Der Botschaftsangestellte übergab ihm eine Einladung nach Kathmandu. Erstaunt realisierte Kessel, daß es sich bei dem Absender der Einladung offensichtlich um den König selbst handelte, seine Majestät Birendra Bir Bikram Shah Dev wünsche seine Präsenz am Hof und auch Konzerte für die Öffentlichkeit, eine »King's Command« also, ganz ähnlich, wie einst die Beatles von Queen Elisabeth II. ins englische Königshaus befohlen worden waren.

Da der Einladung leider kein Flugticket beilag, bestieg Barney Kessel, ohne zu zögern, am nächsten Tag den Bus nach Nepalgunj. Sein gesamtes Gepäck bestand aus zwei Gitarren, einem Koffer mit Unterrichtsmaterialien und einem Seesack mit seinen Habseligkeiten. Diesen band er auf Anweisung des Busfahrers aufs Dach, seine Gitarren wollte er während der Fahrt nicht aus den Augen verlieren. Die Reise verlief ohne Mühen; Kessel war es, während er aus dem glaslosen Fenster des Busses schaute, als spule sich ein extra für ihn projizierter Film vor seinen Augen ab: Flachland, uninspiriert dreinschauende Kühe, dann sehr sanft ansteigende Hügellandschaften, immer noch in Hellbraun gehalten, mit einemmal wurde es grün und bewaldet, dann ging es höher hinauf, die vor einer guten halben Stunde verlassene Grand Trunk Road verlor sich schon in weiter Ferne, bis schließlich – Kessel war eingenickt, sein Kopf war zur Seite gefallen und ruhte nun eine Weile an der Schulter eines freundlichen, sehr dicken Mannes in einer zitronengelben Dish-Dasha, ebenfalls schlafend – die Grenzstadt Nepalgunj erreicht war. Der Bus hielt schnaufend an, spie seine Passagiere aus, und unter lautem Hallo stellte Barney Kessel fest, daß er, da hier die Landesgrenze verlief, erstens in einen nepalesischen Bus umsteigen mußte und zweitens, daß sein auf dem Dach befestigter Koffer verschwunden war. Egal, dachte sich Kessel, das ist egal, die Gitarren habe ich ja noch.

Der nepalesische Teil der Fahrt verlief freilich noch unspektakulärer: Einzig der toxisch-grüne Schleim, den die indischen Papierfabriken auf nepalesischer Seite großflächig in die Flüsse spien, um in indischer Selbstüberlistung das eigene Wasser, das ja von den Bergen Nepals in die weiten Ebenen Indiens floß, zu vergiften, verfärbte Barney Kessels Laune auf einige Stunden. Während er noch über dieses Paradox nachdachte – er war erneut eingeschlafen und wieder aufgewacht –, erreichte der Bus das liebliche Tal, in dem die Hauptstadt vor ihm lag wie eine eingeschläferte Prinzessin. Kessel mußte unwillkürlich lächeln; kleine Burschen ließen Papierdrachen am Straßenrand steigen, in der Ferne, jenseits des Tals, erblickte er die gewaltigen, schneebedeckten Hänge des Himalajas und ein nie gekanntes Gefühl der Ruhe und der freundlichen Gelassenheit umspielte die Synapsen des Jazzers.

Es erinnerte ihn an die Tranquilitas, mit der Art Pepper einst seine beiden zusammenhängenden Stücke »Blues in« und »Blues out« komponiert hatte. Pepper hatte, so war Kessel sich sicher, einfach das Atemmodul des Saxophonspiels mit der scheinbaren Zufallsmotorik der Improvisation versehen und daraus den Urrhythmus des Atmens selbst gestrickt. Kessel seufzte tief, vor seinem inneren Ohr rollten sich Peppers Blues-Eruptionen dabei zu einer Art Landschaftssoundtrack aus. *Great*, dachte Kessel, es hat bestimmt noch nie jemand vor mir diese eisigen Höhen mit den Gipfeln von Arts Saxophonspiel zu einem musikalischen Lehrerlebnis zusammengeschmolzen. »Wieder eine Teaching-Unit extra: Subjektives Musikerleben und die Kunst des Soundtracking.« Der Bus ruckte kurz und ließ Barney aus seinem Tagtraum hochschrecken: Busbahnhof Bagmati, Endstation.

Barney Kessels Hotelzimmer im schlechteren Teil der Freak Street war beileibe nicht so, wie er sich ein Hotelzimmer gewünscht hatte oder es gewöhnt war; nun, meine Güte, dafür war er in Nepal! »Das Dach der Welt«, entfuhr es ihm, und während sein Blick eine seltsame, ganz offensichtlich unter Heroineinfluß angefertigte Tuschzeichnung streifte, die fast die gesamte Länge der schmutzigen Wand bedeckte (siehe Frontispiz DER FREUND, Nr. 6), stellte er erst einen der beiden Gitarrenkoffer auf den windschiefen Schrank und legte sich dann auf das mit einem dunkel-speckigen Samtlaken überzogene Bett. Kessel fragte sich, wie er denn nun wohl zum Königspalast vordringen sollte. »Na ja. Erst mal was essen«, sagte er wiederum laut zu sich selbst, und, fröhlich eine kleine Kesselsche Improvisation – eine lose Akkordfolge im Stile des gewaltigen Cannonball Adderley – summend, steckte er sich eine Zigarette an, schloß, den einen Gitarrenkoffer umgeschnallt, sein Hotelzimmer ab und betrat bestens gelaunt die Freak Street.

Wenig später schob er den dunkelrosa Vorhang einer kleinen verschatteten Bar auf, die den ihn fast musikalisch-rhythmisch anmutenden Namen »Umma Gumma« trug. Kessel, so muß man wissen, hatte dank seiner nun schon einige Jahre andauernden Lehrreise um die Welt jegliche aktuellen Entwicklungen der Musik, vorsichtig ausgedrückt, nicht mehr mitverfolgt. Insofern traf ihn der akustische Teppich, der in der Bar ausgelegt war, wie ein Schock: Ein blubberndes Baßstakkato war von sphärischen Gitarrenverzerrungen überlagert, eine Keyboarddissonanz kullerte unversehens durch den Raum. Dichte Rauchschwaden hingen wie Flußnebel in den Niederungen über den ausgebreiteten Sitzgruppen, auf denen Paare mit sehr langen Haaren hingestreckt lagen, bei denen nur dank der ebenfalls üppig wuchernden Bärte zu erkennen war, ob es sich um einen Mann oder eine Frau handelte.

Nepalis waren in der Bar anscheinend nicht anwesend. Ein hochgewachsener, ausgemergelter Schwede sah kurz zu dem auf der Türschwelle verharrenden Kessel auf, um dann mit gespielter Langeweile seinen Kopf wieder zwischen die entblößten Brüste einer apathisch dreinschauenden jungen Dame zu stecken.

Kessel suchte nach dem Barkeeper und fand ihn gebückt hinter dem Tresen, fasziniert auf eine auslaufende Flasche Milch starrend. Er war der einzige Einheimische in dem ganzen Etablissement und hatte, vielleicht um dies zu betonen, eine Art Fes, die nationale Huttracht, auf dem Kopf. Als er Kessel bemerkte, der sich ganz nah zu ihm heruntergebeugt hatte, lächelte er ihn an und sagte, »Hallo, *my friend*, was kann ich für dich tun?« Kessel antwortete, »Kann ich bei Ihnen etwas zu essen bestellen, *breakfast*?« Die Augenbrauen des Keepers hoben sich, »Ah, schon wieder ein Omelett.« Und er rief durch ein kleines Loch in der Wand: »Mehr Pilze, Padam.« Kessel mochte keine Pilze und fragte, ob er auch etwas anderes in das Omelett haben könnte, worauf der Nepali nur kicherte und meinte, na, die härteren Sachen gäbe es nicht eingebacken, da müsse er sich – wobei er auf den Schweden deutete – bei dem da anmelden. Und überhaupt, eine Heroinomelette, wie solle denn so was gehen? Obwohl, vielleicht könne er ja seine Gitarre – der Wirt deutete auf den eindeutig geformten Koffer über Kessels Schulter – als Pfand dalassen, dann werde man schon was machen können.

Hätte die »Umma Gumma«-Bar eine Tür gehabt und nicht lediglich einen Vorhang, Kessel hätte sie laut hinter sich zugeworfen. Das kann es doch nicht gewesen sein, dachte er und bestieg eine der vielen

Rikschas, die am anderen Ende der Freak Street auf Kundschaft warteten. »*Just take me anywhere please*«, sagte er freundlich zum Rikschafahrer, der ihn nikkend und, wie Kessel mit Genugtuung empfand, angenehm synkopisch in die Pedale tretend, eine Weile nordwärts fuhr. Der Stadtteil Thamel, und hier unterbricht der Zeitfluß unseres Berichts ganz unvermittelt, war Anfang der Siebzigerjahre noch eine Ansammlung vereinzelter Häuser, die auf Wiesen standen. Dazwischen noch Tempel und etwas Landwirtschaft, jedenfalls grün. Die Stadt Kathmandu war noch nicht so weit gewuchert, der *urban sprawl*, der sich heute schon weit nördlich von Thamel die Hügel hinaufschiebt, tastete sich damals lediglich meterweise vorwärts, und nur einzelne Guesthouses und ein paar Restaurants waren als Zeichen eines sachte aufkommenden Tourismus zu deuten.

Der Rikschafahrer – wir tauchen nun wieder zurück in die erzählte Vergangenheit – schwitzte stark, und sein Pedaltritt hatte sich bergauf in einem Maß verlangsamt, daß Kessel den Takt verloren hatte und schon fast wieder, auch wegen des Hungers, eingeschlafen war. Seinen Gitarrenkoffer hielt er dabei fest umklammert. Rechter Hand tauchte ein alter backsteinroter Rana-Palast auf, den der endlich wieder leicht bergab rollende Fahrer beinahe passiert hätte, wenn Barney nicht, nahezu traumgleich, zwei Worte an der Wand gelesen hätte, die ihn an seine längst vergessene Heimat erinnerte: New Orleans. Das konnte nicht wahr sein, war es aber. Kessel zog den Rikschafahrer am Hemd und rief, »*stop, stop*«. Die Bremse knirschte, und mit dem abebbenden Keuchen des Fahrers waren nun auch leise Bruchstücke einer Bebop-Improvisation zu vernehmen. Wie in Trance legte Kessel ein paar Rupien in die dafür krumm ausgestreckte knochige Hand, und tippelte in den Hinterhof, wo die Musik herzukommen schien.

Unter Sonnenschirmen saßen ein paar schwarz gekleidete Kathmandesen an langen Bänken, tappten fingerschnippend mit ihren Schuhen, und während auf einer provisorisch aufgebauten Bühne ein alter, distinguierter Nepali – er trug ein Barett auf dem Kopf und Sonnenbrille – die ersten Noten von »Take Five« in sein durch viele Jahre des Spielens patiniertes Saxophon blies, fühlte sich Barney Kessel, als trete er in ein Wunschbild, das er schon seit Jahrzehnten in seinem Herzen trug und das nur darauf gewartet hatte, in einem Augenblick größter Verwirrung und Verzweiflung für ihn real zu werden.

Doch es kam noch besser: Der alte nepalesische *gent* auf der Bühne sah über den Rand seiner Sonnenbrille in Richtung des Zaudernden dort am Eingang, setzte für einen Moment das Mundstück ab und formte, die

Augenbrauen dabei hebend, mit den Lippen – es war Kessel, als geschehe dies in Zeitlupe – die Worte: »Music to listen to Barney Kessel by«. Barney mußte sich setzen. Man kannte ihn hier nicht nur, man kannte auch sein Werk. Als er sich ein Bier bestellen wollte, kam der Kellner schon daher mit einem vollen Glas und den Worten, die er von da an nie wieder vergessen sollte: »*On the house, Mr Kessel.*«

Die Session, die dann folgte – Barney hatte seinen Instrumentenkoffer geöffnet und die darin liegende Les Paul-Gitarre genommen, war auf die wackelige Holzbühne getreten und hatte zusammen mit den anderen nepalesischen Jazzern die Anfangsakkorde von Bix Beiderbecke angestimmt –, sollte in die Geschichte Kathmandus eingehen. Nach und nach kamen immer mehr Zuschauer in den kleinen Gast-garten des »New Orleans«, die *blue notes* stiegen auf und purzelten in herrlichen Kaskaden wieder herab, und gegen Abend schließlich hielt eine große Limou-sine vor dem Tor, ein untersetzter, eleganter Mann stieg aus und setzte sich ohne Allüren an einen der einfachen Schanktische, den Kopf hin- und herwie-gend, und als die Session beendet war und Barney und die anderen schweißüberströmt den tosenden Beifall der auf einige hundert Zuschauer angeschwol-lenen Menge entgegennahmen, stand seine Majestät Birendra Bir Bikram Shah Dev ebenfalls auf, klatschte vor Begeisterung und Dankbarkeit in die Hände, ging auf die Bühne zu und entbot dem weißen Jazzer, der nicht wußte, wie ihm geschah, die gefalteten Händen zum Namasté dar, zum Namaskar, zum Gruße der Gottheit in Barney Kessel.

Das Band-Box-Phänomen

Ich kann mein Selbst nicht ablegen wie ein Sakko
Um frei zu sein von Staub oder Verspätung,
Flecken, Narben – sie gehören mir und anderen.

Noch kann ich es lösen wie die Nähte meiner Kleidung,
Laß mich kurz nachdenken, gleich einer Skizze
Für ein neues Werk, laß mich Dich fragen
Wo sind die Grenzen einer ururalten Schöpfung?

Dwarika Shreshta

Wie Nepal am besten funktionieren könnte, zeigt die
Reinigungsfirma »Band Box«. Einen Steinwurf vom
Durbar Square, im Stadtteil Basantpur gelegen,
wäscht und reinigt die Familie Shresta die Kleidung
der Talbewohner seit 1947. Helles, sauberes Licht von
Dutzenden symmetrisch angeordneten Neonröhren

beleuchtet die befleckten Saris der Damen und die mit Daal Bhat-Resten verkrusteten Anzüge – die Dorha Surwals – der Herren. Doch wie genau geht es vor sich? Und warum ist diese unscheinbare Reinigungsfirma eine Synekdoche für ein utopisches Nepal? Also: die Kleidung wird vorne im Geschäft sorgsam auf einem Tresen ausgebreitet, begutachtet, gezählt und sortiert. Auf den blauen Auftragszetteln wird jedes Stück mit Farbangabe und bereits vorhandenen Vorschäden notiert. Dann wird zusammengezählt und der Preis berechnet. Je nach Rückgabedatum bemißt sich der Aufschlag, bei Reinigung binnen Tagesfrist einhundert Prozent der Gesamtsumme. Meist gegen 18 Uhr ist der Andrang groß, alle Familien des Stadtteils Basantpur scharen sich um den Ausgabetresen, die hellblaue Quittung wird sanft in erwartungsvolle Hände gedrückt.

Die internationale Vereinigung der chemischen Reiniger und Färber (Nepal) schreibt folgende Haftungsausschlußpunkte vor, sie sind auf der Rückseite des hellblauen Reinigungsauftrags gut lesbar abgedruckt:

– Keine Verantwortung kann übernommen werden für Schrumpfung und bereits vorhandene Schäden an allen Kleidungsstücken, die von mangelhafter Verarbeitung herrühren, schlechter Schneiderarbeit und

Gebrauchsspuren und Abnutzung und übermäßigem Tragen im grellen Sonnenlicht.

– Die Band Box ist nicht zur Verantwortung zu ziehen für etwaige Verspätung, Verlust oder Beschädigung, die durch unvorhersehbare Ereignisse außerhalb unseres Einflußbereichs wie Feuer, Diebstahl, Einbruch und Betrug entstehen.

– Im Verlust- oder Schadensfall, bei dem die Firma Band Box zur Verantwortung gezogen werden kann, besteht Anspruch auf Schadensersatz, der im Maximalfall die zehn- bis 15fache Reinigungsgebühr nicht übersteigen darf.

– Wir versuchen stets, alle Dispute mit Kunden freundschaftlich zu lösen. Das Scheitern einer friedlichen Einigung kann nur vor Gericht gelöst werden.

– Die Entfernung von Flecken kann nicht garantiert werden.

– Es ist ausschließlich uns überlassen, welche Maßnahmen wir für geeignet halten, damit ein befriedigendes Reinigungsergebnis entsteht, und nach getaner Arbeit möchten wir uns Fragen, wie diese geleistet wurde, gerne verbieten.

Die braunen einheitlichen Hängeschränke, die mit einem Mückengitter die zur Abholung bereite Kleidung schützen, sind stets akkurat und aufgeräumt. Damit kein Stück verlorengeht und jedes immer identifiziert werden kann, hat die Band Box ein einzigartiges System entwickelt: Auf gefärbten Stoffetzen wird handschriftlich die Identifikationsnummer eingetragen und die Anzahl der gleichzeitig abgegebenen anderen Waren. Die Fetzen sind stets, seit Gründung der Firma, rosa, fahlgelb, minzgrün, hellblau und weiß. So ist nicht nur dank der Nummer der Kunde darauf zu erkennen, sondern auch der Schwung an Wäsche, den er zusammen damit abgegeben hat.

Als wir einmal Nepal aus politischen Gründen für fast ein halbes Jahr verlassen mußten, blieben auch etliche blaue Reinigungszettel uneingelöst in unserem Wohnbüro liegen. Nach der Rückkehr, die Lage hatte sich wieder entspannt, waren bis auf einen Zettel leider alle anderen im Papiermüll verschwunden. Ein höflich nachfragender Besuch in der Band Box zerstreute im Nu alle Zweifel an der Perfektion dieses Familienbetriebes. Die auf dem Zettel verzeichneten Teile (Handtücher, Bettlaken, Strümpfe, Oberhemden, Servietten, Cordhosen, Nastücher und entwendete Übernachtsdecken diverser Fluggesellschaften) führten direkt zur Auffindung und Aushändigung aller anderen vermißten Kleidung.

Die durch das halbe Jahr in den Schränken auf den Bügeln an Faltstellen stark eingestaubten Stücke wurden sogar unentgeltlich nochmals nachgereinigt, um den strengen Naphtalingeruch zu vertreiben. Bei Abholung des Riesenpaketes duftete alles wieder wie immer: nach Waschbenzin. Der Abholvorgang überhaupt gleicht der ersehnten Machtübergabe nach unzähligen Bandhas (Streiks), die das öffentliche Leben des Landes regelmäßig lahmlegen. Die Stücke werden von den Kleiderbügeln mit großer Sorgfalt auf den Ausgabetresen abgezogen, von wo aus sie mit sicherer Hand fachgerecht gefaltet, in Packpapier eingeschlagen und dem Kunden überreicht werden.

Selbst durch die Feuchtigkeit der sommerlichen Monsunmonate stark verschimmelte Wintermäntel und Wollschals kamen stets wie neu aus der Band Box zurück; der Schimmel- und Fäulnisbelag, der die Kleidung mit einem schuppig-weißen Firnis überzogen hatte, war zuerst von Hand abgeschabt und dann entsorgt worden.

So gleicht die Firma Band Box einer im Auge des Zyklons operierenden Waschküche, die uneingedenk des tosenden Wirbelsturms um sie herum die ihr anvertrauten Kleidungsstücke sicher, trocken und sauber an das rettende Ufer hinüberrudert.

Würde das moderne Nepal sich an dieser Firmen-
politik der Zuverlässigkeit orientieren, wäre die nun
schon seit mehreren Jahrzehnten andauernde politische und gesellschaftliche Dauerkrise ein für allemal
Vergangenheit. Die Reinigungsfirma Band Box also
könnte durchaus als *role model* dienen, würden die
Politiker des 17-Millionen-Staats sich einmal die
Mühe machen, das Erfolgsrezept der Waschspeziali-
sten genauer zu untersuchen: Auffallend ist die fast
vollständige Abwesenheit von Selbstbezug. Alle Angestellten der Band Box haben zunächst vor allem
eines im Sinn: dem Kunden (hier sind für den Politiker die Wähler gemeint) das zu geben, was sie in Ihrer
Arbeitsordnung (dem politischen Programm) versprechen. Es ist bei einem beliebigen Besuch der
Wäscherei (Gesellschaft) beim besten Willen nicht
auszumachen, wer denn der Besitzer oder Vorgesetzte
unter den Angestellten ist (Demokratie). Die sichtlich
gleichgestellte Belegschaft konzentriert sich immer
dort wie ein Konglomerat, wo ein größeres Problem
(Blut auf weißem Sari, Bohnensaft auf Taxifahrer-
blousons) auftritt, das dann auch nach einer abwägen-
den Diskussion der auf den Einzelfall abgestimmten
Waschstrategie (Gesetze) in Angriff genommen wird:
Die endlosen, nicht auf einen Konsens gerichteten
Debatten der Politiker würden durch eine solche Praxis kurzerhand obsolet. Auch verliert die große
Belegschaft der Band Box auch beim anstrengendsten

Kunden niemals ihre Contenance, wie man es in Nepal bei Wahlkampfveranstaltungen von den Rednern bei unangenehmen Zwischenrufen kennt.

Nur ein einziges Mal mußte selbst die Band Box kapitulieren. Als wir wieder einmal frische Bettlaken abholten, die von der Belegschaft bretthart gestärkt und schneeweiß in das braune Packpapier eingeschlagen wurden, fragte uns der Kassierer höflich, da er wußte, daß wir etwas mit Deutschland zu tun hatten, ob wir zufälligerweise einen deutschen Touristen kennen würden, der bei ihm vor einigen Wochen eine Jeanshose abgegeben habe. Das Problem bei der Sache sei der unerhörte Grad an Verschmutzung, den diese Hose – durch was auch immer – erreicht habe. Die Flecken seien von einer Hartnäckigkeit, die sie nur einmal seit dem Bestehen der Band Box zu bearbeiten hatten, nämlich kurz vor der Zeit, als der damalige König Birendra alle Hippies des Landes verwies. Ob wir das Stück denn einmal sehen dürften, fragten wir. Der Kassierer beriet sich kurz mit den Kollegen und kam dann kopfschüttelnd zurück. Es täte ihm sehr leid, aber das könne er uns als guten Kunden beim besten Willen nicht zumuten.

Man müsse wissen, der deutsche Besitzer sei wohl auf der Reise schwer erkrankt und habe sich nicht geschont, warum die Hose überhaupt gewaschen werden und nicht dem Abfallkübel übereignet werden sollte, dies sei ihm immer noch nicht klar. Dabei habe er gehört, die Deutschen seien doch so reinliche Menschen. Die Hose also könne er uns zwar nicht zeigen, aber dafür etwas anderes: das Buch, das der Deutsche bei der Abgabe seiner Kleidung in der linken hinteren Hosentasche vergessen hatte. Wir bejahten natürlich sofort hochinteressiert. Der freundliche Kassierer mit den halbverdunkelnden Augengläsern verschwand im Hinterraum und kam kurze Zeit später mit dem Werk auf seinen flach ausgebreiteten Händen zurück, das uns immerhin ein wenig Aufschluß gab über den möglichen Grund der Erkrankung des verschollenen Fremden. Er lag in seinem Reiseweg nach Nepal verborgen: Auf dem Cover waren gerade noch so Verfasser und Titel des vergessenen Buches zu erkennen. Es handelte sich um das Werk eines geschätzten Kollegen über den hochinfektiösen Nachbarstaat im Süden: Ilija Trojanows *Gebrauchsanweisung für Indien.*

Matthias in Lumbini

Schillernd wie Tautropfen auf einem Lotusblatt,
das sich aus einem Schlammbett schlingt,
so tief verwirrend sind auch diese Fragen,
zu denen unser Märchen schweigt,
es hat nur eins zu sagen: sie verliebten sich.

Gopal Prasad Rimal

Auf verstaubtem Pfade, unter einem Bo-Baum, in
Lumbini, dem Geburtsort Buddhas, etwas hinter und
neben dem opulent verzierten Gebäude der deutschen buddhistischen Tara-Gesellschaft, die sich im
western monastic complex dieser künstlich angelegten
Pilgerstadt befindet, hat vor ein paar Monaten ein
junger Deutscher einen kleinen Stand aufgebaut – er
heißt Matthias und trägt das Haar kurz geschoren,
einen kleinen Ohrstecker im linken Nasenflügel,

Gebetsketten aus Sandelholz um den Hals und das weiße Ritualgewand eines Trauernden. Für wenige Rupien, die man in eine kupferne Schale neben Matthias – der aus Konstanz am Bodensee stammt – legen soll, kann man Fragen an ihn richten, auf Nepali oder Englisch. Als er die deutsche Sprache hört, scheint er zunächst überrascht, dann verzerrt sich sein asketisch-hageres Gesicht; es ist nicht klar, ob er sich freut oder ob sein gesprochenes Heimatidiom in ihm Erinnerungen wachruft, an die er lange nicht mehr hat denken mögen.

Wir: »Grüß dich, Matthias.«

Matthias: »Namasté.«

Wir: »Können wir jetzt anfangen?«

Matthias: »Womit?«

Wir: »Mit unseren Fragen.«

Matthias: »Ihr werdet wissen, ob ich euch antworten kann.«

Wir: »Was ist der Sinn des Lebens?«

Matthias' Blick geht augenblicklich nach innen, dann löst er sich, schaudert kurz, schiebt den hageren Oberkörper vor, schließlich lächelt er, entwaffnend.

Matthias: »Das ist eine recht schwierige Frage.«

Wir: »Bitte versuche, sie uns zu beantworten. Was ist der Sinn des Lebens?«

Matthias: »Leiden.«

Wir: »Genauer, bitte.«

In Matthias passiert jetzt etwas, seine Stirnfalten grimassieren ein Panoptikum ungeordnet über ihn hereinbrechender Emotionen.

Matthias: »Wenn es ums Leiden geht, sehe ich mich immer in Konstanz. Aber das gilt nur für mich. Dabei ist Leiden doch universell. Ich weiß nicht. Eine Bushaltestelle, an der viele Leute warteten. Ein Zeitungsausschnitt, den jemand weggeworfen hatte. Laub. All die Frühstücke, bei denen der Kaffee kalt wurde. Immer wurde mir kalt. Selbst im Neopren-Anzug, nach dem Windsurfen, auf dem Bodensee. Es kam Gewitter auf. Angst zu sterben. Ich klammerte mich an mein Brett. Meine Beine wurden unter Wasser taub. Um welche Frage ging es?«

Wir: »Um das Leiden.«

Matthias: »Ihr seid nicht so weit. Es dauert noch.«

Wir: »Warum bist du hier?«

Matthias: »Die Leute wollen etwas von mir. Ich bin bereit, etwas zu geben. Das ist gut für die, die was wollen, und gut für mich. Das ist sonst nirgendwo so.«

Wir: »Was bedeutet für dich Geben?«

Matthias: »Für den Menschen heißt Geben Teilen. Du teilst mit diesem oder jenem. Manchmal kommst du gegen eine Wand. Dann kannst du nicht mehr teilen. Ich hatte das Beispiel mit Barbara.«

Wir: »Barbara?«

Matthias: »Auch Konstanz. Barbara saß neben mir in Französisch. Sie wohnte auch im Wohnheim. Wir wollten auf Zimmersuche gehen, am Semesteranfang, eine Zweizimmerwohnung teilen. Samstag sind immer die Anzeigen in der Zeitung. Ich habe sie eingeladen auf mein Zimmer. Dann haben wir zusammen Radio gehört. *The Köln Concerts*. Sie saß neben mir auf dem Sofa. Unsere Beine haben sich berührt.«

Wir: »Ja.«

Matthias: »Ich habe gedacht, sie wollte das auch.«

Wir: »Was?«

Matthias: »Das Teilen. Ich kann nicht darüber reden. Passiert einfach. Es kommt auch gar nicht darauf an.«

Wir: »Und dann?«

Matthias: »Sie ging. ›Muß jetzt los zum Salsakurs‹, sagte sie.

Wir: »Was ist mit der Wohnung?«

Matthias: »Ich weiß nicht. Das ist *prakriti*, das sind die Dinge, die passieren.«

Wir: »Okay, was teilst du mit den Menschen hier?«

Matthias: »Die Menschen in Nepal sind sehr genügsam. Sie fordern nicht viel. Etwas Reis, Dhal. Ich fahre mit dem Bus. Ein Adept hat mir ein Fahrrad angeboten. Ich habe es nicht genommen.«

Wir: »Heißt das, man muß sich reduzieren?«

Matthias: »In Deutschland hatte ich Verlangen. Buddha sagt, wir müssen nicht verzichten. Aber ich scheiterte im Nichtverzicht. Was bin ich? Wer bin ich? Ich fuhr nach Griechenland. Ich hatte Freunde. Dieter Kief. Hermann Kinder. Jetzt ist alles *moksha*.«

Wir: »Bist du einsam?«

Matthias: »Ja, immer noch. Aber Nepal gibt mir, es teilt mit mir. Also bin ich weniger einsam als noch früher.«

Wir: »Also leidest du weniger.«

Matthias: »Nein. Nur anders. Es hilft nichts. Buddha aß nicht, trank nicht. Dann aß er wieder und trank wieder. Das kann ich nicht. Ich bin noch gefangen im Ich. Wie in Deutschland die Kandidaten im Big Brother. Da dachte ich immer dran, wenn ich mich im Spiegel sah.«

Wir: »Eitelkeit.«

Matthias: »Nein. Als ich in Lumbini ankam, habe ich den Spiegel im Guesthouse abgehängt. Dachte, es hilft. Schrieb dann viel über mich, ohne mich zu sehen. Hat nicht geholfen. Dann hatte ich kein Papier mehr. Ich hörte auf.«

Wir: »Du schreibst nicht mehr hier?«

Matthias: »Nein, ich schreibe nicht mehr. Was brauche ich denn nun? Ich fahre mit dem Bus. Ich habe meinen Verkaufsstand, Amulette, Ketten, Glücksbringer. Ich wohne bei einfachen Leuten. Ich wasche mich im Fluß. Warum fragt ihr das?«

Wir: »Wir schreiben eine *Gebrauchsanweisung für Nepal*, für den Piper Verlag.«

Matthias: »Das klingt doch gut. Ihr wollt etwas schaffen, etwas geben.«

Wir: »Das stimmt. Vermißt du etwas?«

Matthias: »Salat. Und guten Bohnenkaffee.«

Wir: »Hörst du Musik?«

Matthias: »Nein.«

Wir: »Welche Blutgruppe hast du?«

Matthias: »Weiß ich nicht.«

Wir: »Welche Farbe hat der Bodensee?«

Matthias: »Grau.«

Matthias reichte uns zum Abschied sein Tagebuch und erlaubte, daß wir aus ihm verbatim wiedergeben. Es waren nur zwei Einträge darin zu lesen:

»Pink Floyd ist ein Pfau, der sein Rad nicht schlägt. Er stakst im Garten des Gehirns, und während er mal hier, mal dort einige schnellere uninspirierte Schritte setzt, wird im Hintergrund langsam eine Mauer sichtbar, rote Ziegelsteine, nicht weiße, das Weiß wurde abgekratzt wie beim Maya Devi-Tempel im Zentrum Lumbinis. *Another Brick in the Wall*, so bedeutet der Pfau, meint nicht die fraglose Einordnung des einzelnen in ein von ihm ohnmächtig hinzunehmendes, gleichzeitig verknechtendes größeres Ganzes, sondern vielmehr das Glück der wahren Empfindung, als Baustein, als *fissure*, in der individuellen Gestaltung der Oberfläche des einzelnen *brick* – denn wo der Stein in der Mauer der Welt später sein Antlitz zuwendet, ist auch gleichzeitig Raum für das expressionistisch anmutende Mienenspiel des Steins: der Ort, wo er der die Mauer betrachtenden Nachwelt nicht nur sein wahres Gesicht zeigt, sondern auch seine Botschaft verstecken kann, die er der Welt zu geben hat – hier erweist sich das anarchische Potential der Physiognomie: Der Riß im Stein zu sein ist das Ziel, so vermittelt es Pink Floyd dem genauen Hörer, und die Mauer – *the wall* – nicht ein Symbol für die Herrschaft der verhaßten Lehrer, das es niederzureißen gilt, sondern ein Monument für die Nachwelt, das die geheime Geschichte der Menschheit erzählt in Gesichtern.

Zuerst sieht man einen Diamanten, der sich zielgenau und punktgerichtet in der unteren Mitte der Stirn zeigt und dann strahlt. Er ist das dritte Auge, der Weg aus dem und in das Kosmische in uns, *into the cosmic*. Man sieht dann entweder eine Ziegelmauer oder einen rosafarbenen Laserstrahl, der sich aus der Mitte der Stirn entweder in dem Diamanten bricht, der zwischen den Augen montiert ist, oder direkt, wie ein starker Strahl, nach außen scheint; man sieht, wie jener Laserstrahl des Wissens, der Erkenntnis und der maschinellen Sicherheit sich äußerst kontrolliert ab- und anstellen läßt, aber auch einen alles durchdringenden Vektor des nicht mehr wegzudenkenden Wissens, einen Pfeil der Genauigkeit, temperiert durch japanische Dekadenz; es ist das, was wir Wu nennen, den Ursprung des Wabi, die Urform dieser durch gebrochenen Ästhetizismus degenerierten, wabernden, amöbengleichen Form des Herrrschaftlichen, dem Wu.«

Fly the friendly sky with Agni Air

Wolken, unsere Hoffnung: mit den Sternen rasch dahinzuziehen,
Und die Erwartungen dabei stets hochzuhalten,
So stiegen wir gelenkig auf dem Pfad der Sonnenstrahlen
Und filterten das Licht in allen Himmeln.
Laxmi Prasad Devkota

Bei einer Bergpartie, die auf 4000 Meter hinaufging – zur für Buddhisten und Hindus gleichermaßen heiligen Gasflamme von Muktinath – machten wir auf dem Rückweg im Xanadu-Guesthouse in Jomsom Rast. Das kleine Dorf war Mitte des letzten Jahrhunderts Angelpunkt und Lager für Hunderte Tibeter, die, von der CIA ausgebildet, von nepalesischem Boden aus eine fünfte Kolonne gegen die in Tibet eingefallene chinesische Rote Armee bilden sollten.

Im Teeraum des Xanadu-Guesthouse nun trafen wir auf einen sichtlich geplagten, ganz offensichtlich aus Österreich stammenden Pädagogen und seinen vielleicht 15 Jahre alten Sohn, der dabei war, die Papierservietten des Teeraumes unter dem Holztisch in Hunderte winziger Teile zu zerreißen. Wie es die Berghöflichkeit fordert, stellten wir uns vor, die beiden Österreicher sich ebenfalls. Es stellte sich nach kurzer Unterhaltung heraus, daß Günther Bick – so sein Name – nicht mit seinem Sohn hier oben war, sondern mit Alex, einem schwer erziehbaren Teenager aus Linz. Alex habe, so erzählte Bick recht freimütig – während der junge Alex immer mehr Servietten zerstörte –, in der Nähe von Linz mehrere Heuschober in Brand gesteckt und währenddessen Drogen konsumiert. Er sei nun schon sechs Wochen hier mit ihm in Nepal unterwegs, auf einem individualpädagogischen Projekt, um den Bub wieder geradezurücken. »Jugendliche einfach zur Sau machen, bis es ihnen die Tränen waagerecht herausdrückt, das kann es nicht sein«, sagte Bick und atmete kurz durch, da die dünne Luft ihm abends zu schaffen machte.

Dann schloß er kurz die Augen, als ob er sich stark konzentrieren müsse, und rückte etwas näher an uns heran: »Weil der Alex sich so auf das Trekking gefreut hat, haben wir den Punkt zuerst gemacht. Ich hab dann die positive Grundstimmung gleich zur Biographie-Arbeit genutzt, das war hart. Beim Laufen hat er mir seine Geschichte erzählt und daß er das nicht mehr machen will, aber abends am dritten Tag habe ich ihn dabei erwischt, wie er dem Sherpa seinen Tageslohn aus der Nase leiern will. Entschuldigung, aber Schnorren, hier im ärmlichen Himalaja, das ist das Allerletzte, oder? Da hab ich gesagt, jetzt reichts, dann gehen wir eben sofort ins Waisenhaus zum Kloputzen.« Beim Wort Kloputzen ließ sich Alex rückwärts absichtlich heftig mit dem Kopf an die Wand fallen, Günther schreckte hoch und zupfte Alex am Arm: »Laß das! Jetzt rede ich einmal endlich mit Landsleuten. Wir gehen gleich weiter.« Alex grimassierte stumm mit zusammengekniffener Nase und gespitztem Mund, wobei er mit dem Kopf wackelte. Günter drehte sich wieder zu uns um und nahm Anlauf für den Schluß seiner Rede: »Der Leiter unserer Diakonie, Vater Gebhardt, hat mir vor der Abfahrt gesagt: ›Günther, du mußt bei dem Bub die Anker lösen, der muß sich selbst auffangen können. Wenn du das nicht schaffst, brauchst du gar nicht erst zurückkommen mit dem!‹ Da hab ich mit dem Alex einen Deal ausgehandelt: Wir gehen noch mal hier hoch, dafür sagt er dem Vater Gebhardt alles, was ich ihm auftrage.«

Um nicht noch weitere Details des Kuhhandels erfahren zu müssen, entschuldigten wir uns bei Günther, wir hätten jetzt einen Tisch zum Abendbrot drüben im Restaurant, es täte uns leid, wir würden ihm aber alles Gute wünschen und überhaupt. Günther schüttelte verzweifelt unsere Hand, als wäre sie einem Stürzenden über dem Abgrund gereicht. Als wir in den Gastraum wechselten, sahen wir zurückblickend noch, wie Günther den einen Arm von Alex hinter dessen Rücken verdrehte, während er mit dem anderen die Papierschnipsel aufzuklauben versuchte. Es war einfach zu viel, wir wandten uns ab und setzten uns an den Tisch.

Dort, wir waren von der Bergpartie und dem Gespräch mit Günther nun sehr müde und hungrig, blätterten wir bei Yak-Steaks und Buttertee durch eine mehrere Wochen alte Ausgabe der *Himalayan Times*, die uns die resolute, sehr attraktive und manchmal doch recht traurig wirkende tibetanische Besitzerin des Xanadu, Mrs. Gauchan, zum Abwischen der Yak-Steak-Flecken auf unseren Wollpullovern gereicht hatte. Während wir also mit einem Teil der Zeitung, genauer, dem Sportteil, wischten, entdeckten wir im schmalen Kulturteil eine Anzeige, auf der die noch zu gründende private nepalesische Fluglinie Agni Air eine Ausschreibung zur Gestaltung ihrer *corporate identity* anbot. 50000 Nepalesische Rupien (circa 500 Euro) sollte derjenige erhalten, der einen gelungenen Entwurf für Logo, Außenanstrich, Stewardessenkostüm, Slogan und Farbgebung der neuen Luftlinie Agni Air gestalten könne. Man müsse dazu nur einen Entwurf an die angegebene Postbox von Agni Air senden, in Kathmandu.

Nepal besitzt seit dem Niedergang der staatlichen Fluglinie Royal Nepal Airlines (eine der beiden von der Air Mauritius bereits in recht betagtem Zustand gekauften Boeing 767 mußte auf *standby* stets für die Ausflüge der königlichen Familie bereitstehen, die andere Maschine befindet sich ständig und ortsfest in Dubai, auf Reparatur) eine Handvoll privater Fluggesellschaften, darunter sind so malerisch klingende Linien wie Yeti Air, Mandala Air, Gorkha Air, Buddha Air, Cosmic Air und Shangri-La Air, die dem staatlichem Schlendrian, mit dem sich Royal Nepal ins Aus manövriert hatte, eine Grundversorgung in Form von raschen Verbindungen zwischen den wichtigsten Städten entgegensetzte, da das Land sonst nur mit klapprigen Bussen (in Nepal, ganz ähnlich wie auf Barbados oder im Gazastreifen, gibt es leider keinen einzigen Eisenbahnkilometer) auf dem 1000 Kilometer langen, nach dem ersten Shah-König benannten Prithvi Bikram Bir benannten Highway bereist werden kann. Die Hauptverkehrsader am Boden ist jedoch nicht nur durch monsunal bedingte Schlammlawinen immer wieder unterbrochen, sondern auch dank willkürlich von den Maoisten aufgebauter Checkpoints und Komplettsperren ein doch eher beschwerlicher Weg, Verwandte in Biratnagar oder Pokhara zu besuchen. Zudem wird der gesamte nepalesische Warentransport von Benzin, Büffelfleisch, Kühlschränken, Mopeds, indischen Wohnzimmereinrichtungen, Strohballen, bunten chinesischen Plastikeimern und irdenen Kaminziegeln mit indischen Tata-Lastern auf ebendiesem Highway erledigt, was den Verkehr immer wieder zusammen mit den obligatorischen Reifenpannen der Reisebusse dank 42 Kilometer langer Dauerstaus zum Erliegen bringt.

Wir waren indes im Xanadu Guesthouse, die Flecken waren abgewischt, der Buttertee ausgetrunken, aber die Anzeige in der *Himalayan Times* ließ uns nicht los. Einmal im Leben eine Fluglinie ausstatten, ja entwerfen können – nicht nur irgendeine, sondern eben eine der neuen Lebenslinien des nepalesischen Verkehrsstroms gestalten, ja, dazu ein wenig beizutragen, daß diesem sonderbaren kleinen Land dereinst ein Weg in die Zukunft gewiesen würde, heraus aus der Abhängigkeit von China, Indien und den USA und hinein in die eigene, die nepalesische Moderne, das wäre schon etwas sehr Verdienstvolles, etwas, wovon man seinen Enkelkindern, zu Hause, vor dem brennenden Kamin (drei Rhodesian Ridgebacks liegen schlafend, jeder im Traume nach einem großen Knochen schmatzend, auf dem Teppich, in der großväterlichen Hand das Glas Armagnac, die Kleinen – die eigentlich schon längst ins Bett müßten – springen auf dem Sofa auf und nieder und rufen: Ja! Bitte! Bitte! Großpapa! Bitte noch mal die Geschichte mit der Fluglinie in Nepal!) noch erzählen könnte.

Wir dachten sofort an Tom Ising, damals gemeinsam mit Judith Grubinger Art Director von DER FREUND, und deren schon lange kanonisches Designbüro in München, Herburg Weiland. Wir schickten den Zeitungsausriß also per Overland von Kathmandu nach Bayern, er kam an, und gleich am nächsten Tag machten sich alle Mitarbeiter an die herausfordernde Aufgabe. Wie durch Zauberhand entstanden die Entwürfe, einige davon in Referenz auf die für eine Fluglinie im Rest der Welt eher fragwürdige Bedeutung des Sanskritwortes *agni* (heilige Flamme), so daß von emsiger Graphikerhand bald rot-schwarze Flammen aus den imaginären Heckflossen in den Himmel fauchten, Stewardessen in blau-orangen Kostümen neben dem ausgewählten Modellflugzeug für die Vorschläge, einer nagelneuen Boeing 737, standen und in dicken, serifenlosen schwarzen Lettern der stolze Name der Airline, AGNI AIR. Um der Sache die symbolische Schärfe zu nehmen, wurde noch ein Entwurf der Mitarbeiterin Andrea Posteiner beigelegt, bei dem nur noch dünne gelbe Rauchfäden, einem Feuervogel gleich, sich elegant durch einen nepalesisch blauen Himmel in die Luft schwangen. Wir steuerten von Kathmandu aus noch den Claim dazu bei, wie wir fanden, ganz gelungen: »Agni Air – Fly the friendly sky«. Da die Post mit Overland doch sehr lange gedauert hatte, und der Abgabetermin für die Ausschreibung empfindlich näher rückte, entschieden wir uns für die einzige nach Nepal liefernde Kuriergesellschaft UPS, Lieferdauer drei Wochen, Preis 250 Euro. Gut, nach dem Gewinn blieb ja dann immer noch die Hälfte als Prämie übrig. Die weltweiten Nutzungsrechte an den Entwürfen zur Einführung von Agni Air waren zwar sicher mehr wert, sollten wir die Ausschreibung gewinnen, aber andererseits, wann hatte man eben schon mal die Chance, eine Fluglinie zu gestalten.

Dann aber kamen die Probleme. Nach Ankunft der UPS-Sendung im Hotel Sugat sollte Krishna, der Boy für alles, das Päckchen zum in der Anzeige angegebenen Postfach bringen und dort einwerfen. Krishna radelte zum Postamt. Doch der Schlitz des Kastens war entschieden kleiner als die Mappe in der internationalen Präsentationsgröße DIN A3, der Umschlag paßte nicht hinein, und die Postbeamten weigerten sich, die Mappe anzunehmen und sie beispielsweise im Hinterraum der Poststube aufzubewahren und einen kleinen Benachrichtigungszettel für Agni Air in deren Postfach zu legen. Krishna zog entmutigt wieder ab, die Mappe hinten auf den Gepäckträger seines Fahrrads geklemmt. Zurück im Hotel Sugat war guter Rat teuer. Agni Air hatte als Rückadresse eben nur dieses Postfach angegeben, und wir wollten die schönen Entwürfe aus Deutschland nicht knicken oder falten, waren sie doch auf wertvollem, laminiertem Karton ausgedruckt.

Das Faktotum Raju, also Krishnas Vorgesetzter im Hotel Sugat, entschied, er würde mit der Mappe so lange im Taxi durch Kathmandu fahren und sich durchfragen, bis er das Büro von Agni Air gefunden und die Präsentationsmappe ordentlich abgegeben habe. Dies tat er auch. Indessen hatten wir es uns auf der Dachterrasse des Hotel Sugat gemütlich gemacht und bei Ingwertee, Gebäck und Bier die einheimische Tagespresse gesichtet. Oben am blauen Himmel waren die sich langsam verflüchtigenden Kondensstreifen der Jets zu beobachten, die nicht in Nepal zwischenlandeten, sondern das kleine Land überfliegend ignorierten, große Brummer allesamt, von Tokio nach Delhi und von Athen nach Singapur. Ein Blick zurück in die Zeitung – dort stand geschrieben, eine weitere Fokker sei am Himalaja zerschellt. Wir mußten an den ersten Jet denken, der jemals auf dem Tribhuvan-Airport gelandet war, das genaue Jahr fiel uns nicht mehr ein, jedenfalls war der damalige westdeutsche Bundespräsident Heinrich Lübke an Bord gewesen und hatte, so berichten Augenzeugen, beim Hinabsteigen der Gangway, sichtlich bleich um die Nase, zu seiner Landung in Nepal nur wenig zu sagen, eigentlich gar nichts.

Unten auf dem Durbar Square hatte sich seit dem letzten Hinsehen ebenfalls wenig getan. Der Teemann mit dem hennarotgefärbten Haar wusch gerade einige Gläser aus, Colonel Hari Bakthar Pathak wies wieder mit dem Zeigefinger auf eine nur für ihn ersichtliche Welt tief im Inneren seines Gehirns, die Souvenirverkäufer umschwärmten heute eher lustlos eine Gruppe japanischer Touristen, ihnen Vorzug und Funktion der von ihnen zum Verkauf angepriesenen tibetanischen *singing bowls* erklärend, und der Zauberer war auch wieder da – der Zauberer, ein vor vielen Jahren auf einem *acid trip* hängengebliebener weißer langhaariger Mann, der einen Zauberstab trug und einen weiten Umhang aus Asbestfolie, und für die kleinen schmutzigen Straßenkinder Blumen und Meerschweinchen aus Papier bastelte. Es war dort unten auf dem Durbar Square eigentlich seit vier Jahren exakt das gleiche Schauspiel.

Raju kehrte abends zurück ins Hotel Sugat, er hatte die Mappen wohl endlich abgeben können, in einer Art Garage im Stadtteil Patan, die der neu zu entstehenden Fluglinie Agni Air als Behelfsbüro diente. Wir bedankten uns und luden ihn auf ein paar Chili-Chapattis ein, die direkt auf dem Durbar Square, neben dem Teemann, links vom Colonel, gebacken wurden, und über deren köstlich-scharfem Geschmack vergaßen wir rasch die Entwürfe aus München.

Ein paar Worte zur Zubereitung dieser würzigen Fladen: Der zu Hause beim Chapatti-Mann zubereitete Kartoffelteig wird aus einer Schüssel mit wenigen Handstrichen und etwas Mehl auf die mit brennendem Gas erhitzte Metallplatte gebreitet. Dann kommen je nach Geschmack Chilischnipsel sowie zwei Eier zum Braten hinzu. Der Chapatti-Mann nimmt nun aus einem Tiegel, in dem sich sehr altes Fett befindet, einen Lumpen, den er 1998 im Keller der Chemiefabrik, in dem sein Bruder als Müllmann arbeitet, hinter einem Wandschrank gefunden hat, und bestreicht damit die Oberfläche des Teigfladens. Flink wird der Pfannkuchen jetzt mit altem Zeitungspapier, das der Chapatti-Mann rings um den Platz sammelt, eingeschlagen. Auf Anfrage wird der Chapatti auch auf einem kleinen bunten Plastiktablett mit ebenfalls bereitstehendem, vorgekochtem und warmgehaltenem Linsenbrei gereicht. Da um den einzigen Baum des Durbar Square herum neben dem Chapatti-Mann auch einige Bänke gebaut sind, wird dort meistens direkt im Sitzen gegessen, ein Umstand, der auch den Teekonsum des Kollegen ankurbelt, wenn es nicht gleich in die links vom Hotel Sugat gelegene Grasshopper-Bar geht, um mit einem Carlsberg den Nachdurst des scharfen Pfannkuchens zu löschen. Auf diese Weise muß das kulinarische Biotop des Platzes als ausgezeichnet funktionierendes Beispiel für eine gelungene, Hand in Hand arbeitende Kleinstwirtschaft gelten.

Zwei Jahre später, wir saßen abermals oder eigentlich immer noch auf der Dachterrasse des Hotel Sugat (haben wir eigentlich schon erwähnt, daß sich die Redaktion von DER FREUND im Hotel befand?), blätterten in verschiedenen nepalesischen Magazinen und erfreuten uns der nach einigen Tagen des Dauerregens wieder einsetzenden Schönwetterphase. Das favorisierte Kokosfett wurde herausgeholt und die in den starken Sonnenschein gehaltenen Arme damit eingerieben. Fast hätten wir dabei die Anzeige übersehen, die auf einer halben Seite in dem Kathmanduer Stadtmagazin *ECS* abgedruckt war. Sie warb für die uns längst entfallene Fluglinie Agni Air. »Guck mal, jetzt gibt's die wirklich«, meinte einer zum anderen. »Wen?« »Na, Agni Air. Erinnerst du dich nicht?« »Zeig mal her.«

Auf blauem Grund war ein Flugzeug abgebildet, einer jener Dornier 18-Sitzer, die in der Lage sind, die schwierige Thermik der nepalesischen Bergwelt gut zu bewältigen. »Agni Air« prangte in serifenloser Schrift über der Anzeige und an der Seite des Flugzeuges selbst. Es war derselbe Schriftzug, den die Münchner entworfen hatten. Das Logo hinten am Heck des Flugzeuges war dasselbe. Der Slogan der Fluglinie war derselbe, den wir vor zwei Jahren erdichtet hatten: Fly the friendly sky with Agni Air. Die Farbkombination Gelb und Blau war in München ausgewählt worden, alles zusammen eingereicht auf der Präsentationsmappe aus dem fernen Bayern.

Wir fuhren sofort mit dem Taxi zum Tribhuvan-Airport und fanden dort tatsächlich den Eincheckschalter der Agni Air mit unseren verwendeten Entwürfen. Auch Gepäckkarren gab es, Kofferbändchen und einen klapprigen Flughafenbus auf dem Rollfeld, das Logo allerorten. Da der Schalter unbesetzt war, fragten wir uns in dem schimmligen Domestic-Terminal nach dem Büro der Agni Air durch. Wir fanden es im zweiten Stock auf einer Dachterrasse hinter dem Flughafenrestaurant. Nach mehrmaligem Klopfen an den mit stumpfen Milchglasscheiben ausgestatteten Verschlag öffnete uns ein freundlicher Inder mit schwarzem T-Shirt, über dessen Ausschnitt eine Goldkette prangte, Jeans und Turnschuhen. Sein nepalesischer Kollege saß auf einem alten Ledersofa neben der Tür, trug ein kariertes Hemd zur grauen

Anzughose, dazu schwarze Lederschuhe und bediente ein BlackBerry. »Er organisiert gerade die Ankunft der Maschine aus Lukla«, meinte der Inder und zog sich an den Bügelfalten, wir mögen doch kurz warten, dann hätten sie auch Zeit für uns. Wir winkten dankend ab, lächelten und schlossen leise die Tür des Büros von außen. Von der Dachterrasse sahen wir nun, wie die Maschine aus Lukla landete. Sie sah sehr gut aus.

Ira Cohen, der letzte Beatnik von Kathmandu

> Es war nichts Böses in Dir, und Dein Körper klar und rein,
> Du warst erfüllt von Güte, dazu die Hymnen von Lord Krishna noch
> im Ohr,
> Unter des Himmels nächtlichem Gewölk sankst Du in tiefen Schlaf,
> Du sahst mich an mit feuchten Augen, um mich auszuschließen.
> *Madhav Ghimire*

Es gab einmal eine Zeit, und manchen wird es so vorkommen, als sei dies erst gestern gewesen, in der das noch möglich war: einen Ort aufsuchen, an dem die Gegenwart noch nicht angelangt ist. Der so verborgen und versteckt liegt, daß er einem den Glauben an die Zeitlosigkeit der Existenz verleiht, und so die Unsterblichkeit, ewige Jugend. Ein Ort mit verheißungsvollem Namen, aufgeladen mit der Dimension des Religiösen. Shangri-La, dieses mythische abgeschiedene Tal im Angesicht unermeßlich hoher Gebirge aus James Hiltons Roman *The Lost Horizon* von 1937, wo Mönche das Geheimnis der Alterslosigkeit, eines asketischen Jungbrunnens konservierten, war für viele Leser Ende der Sechzigerjahre zu Schlüsselwort und Heilsversprechen geworden wie der Strand aus Alex Garlands *The Beach* für die Traveller von gestern. Shangri-La, das war Nepal, und man machte sich, wie gesagt, auf in VW-Bussen über den rauhen Landweg nach Osten. Während die meisten dieser Reisenden dort lediglich eine kurze Auszeit im Drogenrausch nahmen, um dann, mittellos und frustriert, wieder den Weg zurück nach Europa zu wählen, gab es auch einige, die mehr dort vorhatten und blieben. Zu diesen gehörte 1970 auch Ira Cohen.

Als er in Kathmandu ankam, hatte er bereits den kompletten Hallraum der zeitgenössischen Literatur- und Kunstwelt des Untergrunds durchschritten. 1935 als Kind tauber Eltern in New York geboren, lernte der bei Vladimir Nabokov in Cornell studierte junge Mann zu Beginn der Sechzigerjahre die Ikonen der Beat-Generation kennen. Auf einem unter jugoslawischer Flagge fahrenden Tanker schiffte er sich 1961 nach Tanger ein, wo er vier Jahre blieb und das Exorzismus-Magazin *Gnaoua* herausgab, mit Beiträgen von William Borroughs, Brion Gysin und Irving

Rosenthal. Zurück in New York, begründete er eine neue Form der Photographie, die Mylar-Photographie, mit deren Hilfe er Menschen in einer Kammer mit gebogenen Spiegeln aufnahm, was bizarr verfremdende Zerreffekte ergab. Zu den Portraitierten gehörten unter anderem Jimi Hendrix, Herbert Huncke und Robert La Vigne, die Aufnahmen erschienen in Magazinen wie *Life* und *Avantgarde*. Cohen war dabei, als Brion Gysin auf seinem Zimmer im Beat Hotel von Madame Rachou, 9 Rue Gitle-Coeur, in Paris die erste Dreamachine entwickelte. Ihr größter Theoretiker David Woodward war damals gerade erst geboren.

1966 veröffentlichte Ira unter dem Pseudonym Panama Rose das erste Haschisch-Kochbuch und die LP »Jilala«, ein Pionierwerk mit marokkanischem Trance. Und auch sein erster Film, »The Invasion of the Thunderbolt Pagoda«, wurde sofort als Manifest psychedelischer Cinematographie bejubelt: Man sieht in diesem Filmtrip alle damaligen Freunde von Ira Cohen, exotisch gekleidet in Phantasiedekorationen, wie sie spielen und tanzen, chanten und trommeln, ein buntes, ekstatisches auf Leinwand gebanntes großes OHM, das zwei Jahre nach 1966 in der New Yorker St Mark's Church uraufgeführt wurde.

In dieser Zeit von Warhols Factory lernte er auch die Schauspielerin Petra Vogt kennen, die gerade mit dem experimentellen »Living Theatre« durch Amerika zog. Ira sah die erste Aufführung in New Haven, schloß sich prompt der Gruppe an, versäumte von da an keine Vorstellung und drehte schließlich sogar einen Dokumentarfilm über die Tour. Das Theater spielte Mysterien mit dem Aufruf »Paradise now« und eine moderne Fassung von Frankenstein, unter anderem gab es Auftritte in großen Universitätszentren wie Yale. Er verliebte sich bald in die deutsche Exzentrikerin mit dem kantigen Gesicht, die so aussah, als käme sie direkt aus dem Gehirn von Rainer Werner Fassbinder, und wählte sie zu seiner Muse.

Ausgestattet mit dem geschärften Sinn, zur richtigen Zeit am richtigen Ort zu sein, beschloß Cohen 1970, es sei nun genug mit den imaginären Reisen, und begab sich gemeinsam mit »Lady Petra« auf eine wirkliche Reise. Er gab sein Loft auf und verschenkte die Dinge, mit denen er etwas verband, an Freunde. Eine Art oranges Kostüm mit einem riesigen dazugehörigen Hut beispielsweise brachte er dem Filmemacher Jack Smith mitten in der Nacht vor dem Aufbruch in der Grant Street vorbei, damit es in guten Händen sei. Er mußte ihn wachjodeln. Das Ziel war Nepal, die Schlagworte lauteten Buddhismus, Festivals, spirituelle Erfahrung, und der Weg führte sie über

Marokko, Tunesien, Afghanistan und Indien. Es hieß, die ersten Kommunen hätten sich gebildet, verlockende Gemeinden von Gleichgesinnten, die dort praktizierten, was im Westen nicht mehr möglich schien: das vermeintlich wahre Leben, die Befreiung von gesellschaftlichen Zwängen hin zu Tantrik und Entgrenzung durch Drogen. Sie begaben sich als »Post-Beats« auf den vielzitierten Hippie-Trail, mit dem kleinen Unterschied jedoch, daß sie kamen, um vorerst nicht zurückzukehren. Wie aber sah es aus, damals in Kathmandu, diesem Hochtal mit der immer noch höchsten Tempeldichte der Welt, als die beiden dort ankamen?

Sicher, der Himmel war blauer als heute. Gewiß, es gab kein nervtötend langweiliges immergleiches Traveller-Ghetto wie Thamel. Die Straßen waren schlammige Pfade, und man betrat eine Welt jenseits von Jeans, T-Shirts und Neonlicht. Kein Telefon, kein Fernsehen. Die Nächte waren dunkler als heute, die Geräusche aus den Gassen unheimlicher, der Dschungel war noch mitten in der Stadt, die mit einer ungekannten anderen Sprache zu den Neuankömmlingen redete. Die düster-archaische Welt des Elefantengotts Ganesh und der Tikkas, jener gefährlich wuchernden gesegneten roten Farbklumpen auf den Stirnen der Hindus. Die Nähe von Leben und Tod, die Allanwesenheit der blutigen Stücke frisch geschlachteter Tiere auf den Händlertischen, auf denen noch die ausgehöhlten Schädel als Gütesiegel der Ware prangten. Die fein gedrechselten verschlungenen erotischen Holzschnitzlegenden an den überbordend bedachten uralten Tempelfassaden um den weiß getünchten alten Königspalast am Durbar Square. Dieses Hochtal mitten in Nepal, ein einziges Chetra, jener Raum zwischen Zentrum und Rand eines in diesem Fall natürlichen Mandala mit einem Durchmesser von 25 Kilometern, in der die Tempel alle Schlüsselpositionen bestimmen: Es mußte gewirkt haben, als wären in Kathmandu auch noch die kühnsten Phantasien der westlichen Opiumesser in Farbexplosionen Wirklichkeit geworden. Und all das im Angesicht des Daches der Welt, den Eisgebirgen des Himalaja. Die Bühne der Götter. Ein Zauber.

Wie aber sah ein ganz normaler Tag für die künstlerisch veranlagten Seelensucher damals, im Jahre 1970, aus, als Ira Cohen in der später »Freak Street« benannten schmalen Gasse namens »Jochen Tole« Quartier nahm? Als wir ihn in seiner Zweizimmerwohnung in der New Yorker Lower Eastside aufsuchten, wurden wir zu Zeugen eines gewaltigen elefantinischen Erinnerungsprozesses: Ira Cohen, gerade siebzig Jahre alt geworden, saß lächelnd mit grauem Karl-Marx-Bart, einer Halbglatze, von der das krause Haar auf seine Schultern wallte, und der Körperfülle eines das Chaos gnädig verwaltenden Buddhas auf seinem Sofa, umgeben von Bücherbergen, Papiertempeln, Hut- und CD-Stapeln und Videokassetten, Globen und Statuen, an den Wänden die Spuren einer ungeheuerlichen Lebensgeschichte: Ölgemälde, Schwarzweißportraits der Freunde, Ira mit Ganesh Baba, beide lächelnd, nur an der Bartfarbe zu unterscheiden, exotische Reliquien. Das Sofa selbst von so hohen Büchertürmen umgeben, daß es wie eingebettet wirkte in diese einzige Woge aus aufbewahrter Kultur.

Neben Ira stand, bereits als wir die Wohnung betraten, sein dunkelhaariger Sohn Raffael und drehte den ersten Joint, nur einen kleinen, denn er müsse, so Raffael, ja gleich noch ins Fitneßstudio. Mit Raffael teile er sein Leben, so Ira, er schlafe neben ihm im alten hölzernen Doppelbett nebenan. Und als der erste Spliff bereits am Verglimmen war, verschob Raffael seinen Aufbruch noch ein wenig, bevor er, wie er immer wieder betonte, gleich ins Fitneßstudio zu gehen habe. Raffael also übernahm kurz die Rolle des Conferenciers, erinnerte ihn an dies und das, was er noch erzählen wolle, und sorgte dafür, daß die richtigen Anrufe seinen Vater erreichten und die falschen, die unwichtigen, eben nicht. Raffael brachte Ira auch die nächste Insulinspritze – Cohen ist Diabetiker – und beruhigte ihn, als er einen seiner enormen

Wutanfälle bekam, weil die Biographin Tango, die gerade das gesammelte gedruckte Cohen-Museum, das Ira in seiner Wohnung umgibt, zu einem Archiv zu ordnen versucht, wieder einmal dafür gesorgt hatte, daß ein Papierschnipsel mit Gedicht samt Iras Zeichnung nicht wie vorher links unten neben dem Borges-Sammelband im *National Geographic*-Heft, das auf einer CD mit Musik von Paul Bowles lag, parat war, sondern in einem Pappkarton verschwunden. Wenn das Leben im hochkomplexen Stadium der Legende angelangt ist, muß man sich, so scheint es, das Interesse der jüngeren Welt gefallen lassen, die den Nachlaß noch zu Lebzeiten erkunden will. Ira Cohen gehört heute zu New York wie Woody Allen, ein Überlebender, allerdings der psychedelischen Zeitrechnung. Ein Zeuge des großen Experiments der Sechziger und Siebziger saß da, ein mit verschmitztem Humor begabter Schamane mit dunklen Rändern unter den wach umherirrenden braunen Augen, und suchte seine Brille, während er sich wie ein nimmermüder Produzent automatischer Poesie in einem Mahlstrom von Anekdoten und situationistischen Scherzen verlor.

»Also, in Kathmandu sah das damals so aus: Ich wachte auf und – checkte erst mal meine E-Mails. Unsinn. Ich rauchte eine große Schale Opium zum Frühstück und schrieb ein neues Gedicht auf meinen

Zehennagel.« Sein Geist sprang so schnell von einem Ideenstrang auf den nächsten, daß es ein anspruchsvolles Vergnügen wurde, ihm zuzuhören. Fast ein Jahrzehnt hatte er in Kathmandu gelebt, und die Jahre pulsierten in seinen Geschichten wild umher, gleich dem laut und stark pochenden Herz der Erzählung. »Wo war ich stehengeblieben? Ach ja, genau.« Tremens diabeticus. »Dann, nach dem Frühstück, hatte ich Sex mit Petra. Es war nicht leicht, später am Tag ihre Aufmerksamkeit zu erregen. Wenn sie malte, war sie manchmal drei Stunden lang nicht ansprechbar, und ich mußte schon ein gutes Gedicht schreiben, um sie wieder auf die Erde zurückzubringen.« Gedichte waren zentral in Kathmandu, schließlich hatte Ira gemeinsam mit Freund Angus MacLise aus dem Velvet-Underground-Kreis – er und seine Braut Hetty McGee waren als Parade-Blumenkinder 1967 in Berkeley von Timothy Leary getraut worden – eine Poeten-Gemeinde begründet und seine ganze Leidenschaft dem Druck der Schöpfungen auf Reispapier gewidmet. Den Verlag, der die Druckwerke publizierte, allesamt in Auflagen um 500 Exemplaren, nannten sie »Bardo Matrix Starstream Editions«. Man druckte bei der Sharada Printing Press, das Papier wurde aus einem Busch mit dem Namen Daphne hergestellt und enthielt mit Insektenteilen und Pflanzenblättern die Spuren des natürlichen Lebens, was zu der ursprünglichen Quelle der

Gedichte paßte: den Bildungs- und Alltagssplittern, die sich mit Philosophemen mischten: »You told all the shadows to dance for me / but in my heart the clock stood still / for Death on New Road, there in the platinum pendulum & reflected / in the glassed in face of Buddha / What was that dog carrying a flattened corpse / with no back legs / startling us on the way / down the hill.«

Paul Bowles, den Ira noch aus Tanger kannte, schrieb 1976 sein Gedicht »Next to nothing« extra für Kathmandu. Gemeinsam mit Angus gehörte Ira auch zu den treibenden Kräften des »Spirit Catcher Bookstore«, wo regelmäßig Lesungen der neuesten, gerade geschriebenen Gedichte und Musikperformances mit Sitar, Flöte, Geige und Tabla stattfanden. Ira, der den Lesungen als Zeremonienmeister vorstand, veröffentlichte sein eigenes Buch 7 *Marvels* anläßlich der Krönung von König Birendra Bir Bikram Shah Dev, jenem König, der mit dem Rest fast seiner gesamten Familie in jenem unausdenklichen Blutbad im Jahr 2001 ermordet wurde, Bruder des letzten Königs Gyanendra.

Ein weiterer berühmter Gast aus New York kam, um zu bleiben: Charles Henri Ford, der in den Vierzigern das Avantgarde-Magazin *View* herausgegeben hatte und den Ira für das Cover dessen Gedichtbandes

7 Poems als »surrealistischen Hohepriester von Kathmandu« photographierte: mit aufgesetzten Ziegenhörnen, die er sich mit Chiffontüchern auf den Kopf gebunden hatte. Wir fanden das Bild so *sick*, daß wir es auf der vierten Ausgabe von DER FREUND in einer die historische Distanz gleichermaßen betonenden und überwindenden Version als von uns bestelltes Gemälde auf dem Cover verwendeten.

Es hatte sich zu Iras Zeit in Kathmandu also herumgesprochen, daß da diese Gruppe von seltsam gewandeten Exzentrikern in Nepal residiere, zeitweise in Tempeln mit fußhoch stehendem Wasser. Wer in Kathmandu vorbeikam, wie der französische Entrepreneur Alan Zion, der eines Tages, natürlich im VW-Bus, aus Paris anreiste, bevor er eine Art Open Villa in Goa begründete, mußte nicht lange fragen, um Ira und seine Freunde zu finden, alle kannten ihn bereits: »Sie suchen diesen seltsamen König mit der Lady in Lila und Silber? Er lebt dort drüben, in diesem Haus.« Zion brachte Cohen ein hinterlassenes Manuskript von George Corso mit, *Way out*, das dramatische Qualitäten besaß. Also beschloß man, es als Weltpremiere gebührend aufzuführen, und zwar am 11. Oktober 1974 im Crystal Ballroom des Yak & Yeti Hotel. Die reisgeschöpften Handzettel verfehlten ihre Wirkung nicht: Der Abend war ausverkauft. Im Publikum: Botschaftsattachés neben Hippies, Drogisten Stuhl an Stuhl mit Emigranten, Swamis und Touristen. Die Kommune gewann familiären Charakter, Angus und Hetty bekamen einen Sohn in Kathmandu, Ossian, der von einem Sektenguru als erster Westlicher zum reinkarnierten Lama erklärt wurde. Kleine Nepalesen, die von Iras Leidenschaft für Totenschädel wußten, töteten die Äffchen um den Tempel Swajambu herum und präparierten die Knochenköpfe, um ein paar Rupien von ihm dafür zu bekommen. Zur Buchhandlung kam ein Nachtklub auf der Freak Street hinzu, »The Rose Mushroom«, wo die Beatles und die Stones gespielt wurden. »Ein geschmackvoller Ort, ziemlich stylish, gut dekoriert, später benannten sie ihn um: Eclipse. Ich kann mich nicht genau erinnern, wie es dazu kam. Die nepalesische Polizei kam regelmäßig vorbei und machte Ärger, weil sich herumgesprochen hatte, daß auch ehemalige Polizisten sich dort gerne die Zeit vertrieben.«

Wie ging ein normaler Tag in Nepal weiter? »Ich machte einen Spaziergang, aß eine Schale grünen Dahi-Joghurt. Dann, zurück in der Wohnung, kam vielleicht jemand vorbei, und wir rauchten Joints. Das ließ wieder eine ordentliche Portion Zeit vergehen. Wir führten Notizbücher, schrieben etwas zusammen. Ich machte viele Schwarzweißaufnahmen. Wenn Kumari, die Living Godess, auf die Straße kam, rannte ich raus und machte so viele Photos wie möglich. Auf ein paar Bildern habe ich mich sogar so vor die Prozession gestellt, als würde ich sie selbst anführen.« Die Zeit dehnte sich und schrumpfte, im bunten Einerlei der Tage vergingen Wochen, Monate, Jahre nahezu unbemerkt. Lady Petra malte ihre Bilder und vergaß die Vergangenheit. »Ihr Vater, ein Wissenschaftler, hatte für Goebbels gearbeitet und ein Lied über den Kohlenklau geschrieben. Sie entschloß sich daher, das ›von‹ abzulegen, um ihre alte Familie hinter sich zu lassen. In Deutschland kannte sie die Überlebenden der Brecht-Gruppe, trank Champagner und schnupfte Kokain.« Auch Angus' Drogensucht wurde in Nepal nicht besser, er hielt sich mit gelegentlichen Arbeitsreisen nach Europa über Wasser. »Einmal fanden wir auf einem Spaziergang zufällig eine Rolle Drahtzaun. Angus war dabei, und wir beschlossen, uns den Gewinn zu teilen. Wir packten den Draht in ein Taxi und fuhren auf den Markt, um ihn zu verkaufen. Da wir nie Geld hatten, war es eine große Sache. Laß uns feiern, sagte ich also, und wir gingen ins Crystal Hotel. Eine wunderbare Abwechslung zu Kartoffelbrei mit Soße, den es immer gab, in den regulären Restaurants. Es war wunderbar, aus den dreckigen Straßen mit Exkrementen und toten Tieren an einen Ort zu kommen, wo Kellner mit weißen Sakkos ein mehrgängiges Menü in sehr eleganter Atmosphäre auf Leinentischtuch servierten: Steak Tournedos, diese Dinge. Für einen Dollar.«

Obwohl sich die beiden den Gewinn teilten, konnte er Angus nicht dazu überreden, mit ihm ins Restaurant zu gehen. Essen war nicht wichtig für ihn. Er brauchte das Geld für andere Dinge. »Also lud ich ihn ein. Petra mochte diesen Zug an ihm nicht, daß er sich gehenließ und nur noch dreckig herumlief, mit schwarzen Füßen. Da schlug ihre aristokratische Ader durch. Angus aber war der größte Poet, den ich kannte, abgesehen von mir selbst natürlich. Haha. Einmal kam er vorbei, um mir zum Geburtstag zu gratulieren. Da stand er vor mir in der Tür, hielt einen Zapfen, den er vor dem Haus gefunden hatte, in der Hand und sagte nur: Herzlichen Glückwunsch – ist fünf Millionen Jahre alt. Oder er nahm mich mit zu den Windfängen von Kurdapur, wo wir stundenlang dem Wind lauschten. Er wollte eine Platte damit aufnehmen. So einer war er.«

Der Abend nahm einen traurigen Verlauf: »Wir saßen im Restaurant, tranken Rum, den Khukri Commander, und ich merkte, daß ihm alles egal war. Er wollte nur weg. Nicht, weil ihm das Restaurant nicht gefiel oder er meine Gesellschaft nicht schätzte. Sondern weil er den nächsten Schuß brauchte, seine Droge, sein Smack.« Iras letzter Versuch, ihn abzulenken und die Freundschaft zu beschwören, schien eine gute Idee. »Ich sagte, laß uns ein Gedicht zusammen schreiben, hier, an diesem Tisch. Und ich begann: ›If you could swing the incredible vedic Leymour, I will meet you more than half way.‹ Der Drahtzaun kam darin vor, unser Spaziergang, der ganze Nachmittag. Aber bereits als ich bei der zweiten Zeile anlangte, stand er auf und sagte: ›Okay, wir sehen uns später.‹ Und ich fragte ihn: ›Willst du nicht bei mir bleiben, als Bruderpoet, und mit mir schreiben?‹ Aber da war er schon verschwunden.«

Wenig später ging Angus MacLise auf eine letzte Trekkingtour ins Himalaja-Gebirge, mit der er sich übernehmen sollte. Man mußte ihn zurücktragen. Er starb am 21. Juni 1979 im Krankenhaus und wurde gemäß den Ritualen der tibetanischen Buddhisten bestattet. Ira photographierte die Prozession, und die Familie der Freaks versammelte sich noch ein Mal. Der Tod des Freundes schien das letzte Korn in der großen Sanduhr namens Kathmandu gewesen zu sein, die schöne Zeit hatte endgültig ihre Unschuld verloren, die ewige Jugend trug nach fast zehn Jahren plötzlich das Gesicht eines alten Greises. Shangri-La schloß seine Pforte. »Ich hatte diesen Traum, ich war auf einem Elefantenfriedhof zusammen mit einem riesigen Elefanten aus gesprungenem Lapislazuli. Es war Großvater Ganesh. Und ich lag neben ihm. Er war so mächtig, daß es mir angst machte.« Was wurde aus den Reispapierbüchern? »Eines brachte ich Nabokovs Witwe Vera nach Montreux. Der Rest endete vermutlich an den Stränden von Goa.«

Was bleibt von einem Aufenthalt in der Zeitschleife, bei Ira Cohen in Kathmandu? Vielleicht ein Mantra auf dem Anrufbeantworter des Hotels, das er uns kurz vor seinem Abflug zu einem Festival nach Amsterdam noch auf Band sprach: Es geht so: »Wednesday, 6.02 p.m. Hey, so this is Ira and I just wanted to say I don't know what I told you about Fu Man Chu in Kathmandu, but the way it goes is: All men eat, but Fu Man Chu spelled FUMANCHU, but all, few man eat but all, ohm, god, but all men chew, all, all, no, now I'm crazy again, few, all men eat, but Fu Man Chu like Cat man do. That's it. All men eat but Fu Man Chu like Cat man do.« Ein Klicken, Rauschen. Vorbei.

Dekonstruktion eines Putsches

Er verschüttete die Farben
Verbrannte die Leinwand
Zerbrach die Pinsel
Und warf alle Portraits auf den Müll.

Ich war erstaunt:
Was war nur aus dem großen Künstler geworden?

Versteh doch, Mani!
Ich habe alle von mir Wertgeschätzten
Nun 30 Jahre lang verwöhnt – umsonst!
Keine Farbe ist so strahlend wie das Leben,
Kein zeitloses Bild ersetzt mir die Trauer.
Mani Lohani

Es war ein ganz normaler Dienstagmorgen in Kathmandu. Die späte Wintersonne hatte ein paar behaarte Ausländer in den Frühstücksgarten von »Mike's Breakfast« gelockt. Im milchigen Tageslicht flimmerte bereits vorfrühlingshaft warmer Staub, die wenigen Gäste blinzelten in das viel zu helle Licht, und wie üblich kratzte eine viel zu schnell gespielte Chopin-Nocturne aus den in den Bäumen des kleinen Gartens aufgehängten Lautsprechern. An der vermoosten Wand vor dem Gartenrestaurant hatten wir bei der Ankunft aus dem Maruti Suzuki-Taxi ein frisches Graffiti gesehen, das uns der Fahrer auf Anfrage wie folgt übersetzte: »Oh, Gyanendra, der Schrein leuchtet am Nachmittag, aber Dein Schatten-Cousin erwartet Dich in Hitlers Mercedes«. Der Name, mit dem das kleine Epigramm unterzeichnet war, fügte der Fahrer hinzu, sei ziemlich weit verbreitet: Ramesh Ram Shresta. Auf der Titelseite der *Himalayan Times* war zu lesen, daß König Gyanendra am Abend zuvor, enttäuscht, den von ihm ernannten Premierminister zu sich einbestellt hatte, um sich über den Stand der Dinge informieren zu lassen.

Im Juni des vergangenen Jahres nämlich war Premierminister Bahadur Deuba bereits zum zweitenmal von König Gyanendra eingesetzt worden, um die zwei drängendsten Probleme des Landes zu lösen: die Maoisten besiegen und freie Wahlen vorbereiten. Alle Versuche jedoch, die Deuba unternommen hatte, um den blutigen Machtkampf der Aufständischen, der seit den Neunzigerjahren über 12 000 Menschen das Leben gekostet hatte, zu beenden, waren abermals, wie in Deubas erster Amtsperiode 2002, gescheitert. Und auch die lange versprochenen freien Wahlen rückten dank Deubas sichtlich wachsender Prosperität – er hatte sich gerade einen Tata Sumo 4WD in Topausstattung direkt aus dem indischen Staat Bihar kommen lassen, um sich von dem Standardmodell seiner Kollegen, dem Status- und Distinktionsfahrzeug der Minister, dem Mitsubishi Pajero, abzusetzen – in immer weitere Ferne. Von dem vermeintlich billigeren Modell Tata Sumo versprach er sich einerseits – wenigstens im SUV-Bereich – die Gewinnung seiner bis dato ausgebliebenen *street credibility* und andererseits die Entstehung einer zutiefst politischen Symbolik, mit der er seine Vertraut- und Verbundenheit mit Indien demonstrieren könne. Ein in Nepal seit der Flucht König Mahendras vor dem Rana-Putsch im Jahre 1950 nicht unwichtiges Detail. Mahendra hatte damals in dem mächtigen Nachbarstaat Schutz gesucht, der seinerseits das kleine Nepal sowohl als Pufferzone zwischen sich und China verstand und andererseits als kleinen, armen Satelliten des Subkontinents sah, als verarmten *cousin-brother* sozusagen. Böse Zungen sagen dem Tata Sumo-Fahrer Bahadur Deuba nach, der damalige Gouverneur Bihars, Laloo Yadav, habe im Gegenzug für das metaphorisch aufgeladene Geschenk des SUV von ihm, Deuba, erst kleine, dann immer größer werdende, plötzlich menschenleere Landstriche des Terais zugeschanzt bekommen, die dann auf einmal zum indischen Bihar gehörten.

Der Winter war wie üblich sehr lähmend gewesen, mit endlosen Streiks und Blockaden, die das Tal von Kathmandu ausgerechnet in den kältesten Tagen des Jahres von der Versorgung mit Kerosin für die Heizöfen abschnitten. An die täglichen Meldungen von Bombenanschlägen der Maoisten, Ausgangssperren oder ermordeten Regierungsbeamten hatten wir uns bereits gewöhnt. Der dunkelgraue Hochnebel über der Stadt machte die Menschen mürbe, der Staub wurde zu Dreck, und bereits am frühen Nachmittag, wenn das Licht schwand, brannten am Rande der Straßen die ersten offenen Feuer, um die sich in bunte Schals und Wollmützen eingemummte Nepalesen versammelten, um ein wenig Wärme abzubekommen. Hunde wühlten neben heiligen Kühen in Müllhaufen, der allabendliche Monsterstau schob sich ruckelnd durch die viel zu engen Straßen. Da die Temperaturen in Nepal das ganze restliche Jahr über recht angenehm sind, waren die zwei, drei Wintermonate mit Nächten unter Null sehr schmerzhaft.

Dieser erste wirklich wärmere Tag also, an dem der hellblaue Himmel die lange im Dunst verborgen gebliebenen Himalajagipfel freigab, dieser erste Februar des Jahres 2005 begann als ganz normaler Dienstagmorgen in »Mike's Breakfast« mit dem obligatorischen zu dunkel gebratenen Gemüseomelett, bis es geschah, und es geschah sehr plötzlich: Chopin verstummte, und eine Stimme erhob sich, eine sonore Stimme, dunkel und guttural, die langsam in großer Deutlichkeit sprach und alle Gespräche an den Tischen zum Verstummen brachte. Später erfuhren wir, daß auf den Straßen die Autos ihr Tempo verlangsamten und zur Seite fuhren, um anzuhalten. Die Menschen blieben stehen, wo immer die Stimme auch zu vernehmen war. Es war das Radio, niemand Geringerer als der König selbst. Gyanendra verkündete das Ende der Regierung Deuba und rief den Ausnahmezustand aus. Er erklärte, daß die Regierungen der letzten Jahre nicht dazu in der Lage waren, Nepal den so lange ersehnten Frieden zurückzugeben, weil sie sich in selbstverliebte Machtkämpfe verloren, anstatt die Probleme des Landes zu lösen. Zuletzt hatten selbst die Maoisten erklärt, mit niemand anderem in Verhandlung treten zu wollen als mit dem König selbst. Der König verurteilte in seiner Rede neben den korrupten Politikern vor allem die Maoisten und kündigte an, mit der gebotenen Härte gegen sie vorzugehen.

Letzten Berichten zufolge hatten die Maoisten bereits nahezu zwei Drittel des Landes in ihrer Gewalt, vor allem die entlegeneren Berggebiete und die weit entfernten, dünnbesiedelten Wälder im äußersten Westen des Landes. Mit ihrer brachialen Rekrutierungsmethodik – sie drohten den Eltern mit der Pistole an der Schläfe den Tod an, wenn sie ihnen nicht ihre Kinder für den revolutionären Kampf überließen – sorgten sie nicht nur dafür, daß das letzte, in den entferntesten Landregionen noch funktionierende, selbsterhaltende Bauernleben durch die Zerstörung der Familien zusammenbrach. Sie trieben damit auch den Rest der Bevölkerung in die Hauptstadt, den letzten Ort, wo man sich bis vor kurzem vor den Maoisten sicher wähnen konnte. Aber auch in Kathmandu häuften sich seit einem Jahr die Anschläge und Morde. Die Bevölkerung war vor allem enttäuscht, weil der König anscheinend untätig zusah, wie sein Land immer mehr in Gewalt und Apathie versank.

Das sollte sich nun ändern. König Gyanendras Herrschaft hatte nach dem Royal Massacre im Jahr 2001 begonnen, als der alte, von den Nepalesen verehrte König Birendra und seine gesamte Familie ausgelöscht worden waren. Der Plan, den der König nun, simultan im Radio und Fernsehen, aus einem eigens hierfür eingerichteten Ministudio im Inneren des

Palastes mit Staatsflagge und Herrschaftshaus-Insignien dem Volk verkündete, sah die Wiederherstellung einer Vielparteiendemokratie binnen drei Jahren vor. Seine letzten Worte lauteten: »Möge Lord Pashupatinah uns alle segnen, es lebe Nepal!« Dann verstummte das Radio, es britzelte kurz, der Bildschirm auf den Fernsehern verflimmerte in grauweißem Gestrichel, und die Stille begann.

Wer einen Telefonhörer in die Hand nahm, hörte leeres Rauschen. Wer sich ins Internet einzuwählen versuchte, bekam keine Verbindung mehr. Alle internationalen Maschinen im Anflug auf den Thribuvan International Airport wurden zum Abdrehen gezwungen. Es wurde leise in und um Kathmandu. Der Mittag flimmerte hell, der wolkenlose mildblaue Himmel war auf einmal ganz leer, und auch der Verkehr am Boden schien weniger geworden zu sein. Was zunächst aussah wie eine Sicherheitsmaßnahme zur Vermeidung von Tumulten, war der komplette Zusammenbruch jeglicher elektronischer Kommunikation. Einige Tage später war klar: Die Royal Nepalese Army hatte alle zentralen Fernseh-, Radio- und Zeitungsredaktionen besetzt, und um das Haus des größten Internetanbieters »Mercantile« auf dem Durbar Margh, der Straße, die direkt auf den Königspalast führt, legte sich ein schwerbewaffneter Gürtel aus Soldaten, Sandsäcken und Panzerwagen. Ein indischer Freund, Harish, den wir auf dem Weg durch die Stadt im »Jaya«-Kaffeehaus trafen, berichtete kopfschüttelnd und schwitzend, daß selbst sein Iridium-Satellitentelefon nicht mehr funktionieren würde, wie er gerade beim obstinaten Golfspiel im Gorkhana-Park festgestellt hatte. Auch der Deutsche Botschafter, so wurde berichtet, ließ sich lieber wieder einmal, Tropenanzug tragend, im »Chez Caroline« Restaurant vollaufen, anstatt irgend etwas zu unternehmen.

Die enorme Ruhe paßte so gar nicht zu dem Coup d'État des Monarchen, dessen Zeuge wir gerade wurden. Das, was da geschah, glich dem Einüben in eine völlig neue Disziplin: die der Unwissenheit, der Nichtinformation, der Geduld und des Wartens auf Neuigkeiten. Auch galt es plötzlich, etwas völlig Ungewohntes zu ertragen: die mediale Ohnmacht. Der Redaktionsfernseher, auf dem wir allabendlich gegen elf die englischsprachigen Nachrichten des lokalen Senders *Kantipur TV* verfolgten und danach vielleicht noch etwas BBC oder eine Tierreportage auf *National Geographic*, strahlte keine ausländischen Programme mehr aus, er blieb komplett im Testbild hängen. Nicht nur, daß man nicht wußte, was passierte, man wußte auch nicht, was die Welt davon wußte. Der Außenspiegel des Lebenswagens war sozusagen gewaltsam abgeschlagen worden. Dafür war plötzlich viel Zeit für das Interieur, die Befindlichkeit und den luziden Geist der Improvisation. Nachrichten wurden in zentralen Kaffeehäusern wie dem »New Orleans« hinterlegt oder an die Pinnwand des Pavillons geheftet, Boten per Fahrrad quer durch die Stadt geschickt: »Wir haben kein Gas zum Kochen mehr, könnt ihr uns zwei Gallonen borgen?« Einige Stunden später dann der Rikschabote mit der Ware und der Antwort, mit dem Füllfederhalter handgeschrieben, im Papierumschlag.

Der Stromausfall in der ersten Nacht bewirkte, was sonst nur das allwinterliche »Load-shedding« vermochte: Ganze Treppenhäuser von Hotels leuchteten weihnachtlich im Kerzenschein. Mit der Dunkelheit kamen die Gerüchte: vom Studentenprotest in Pokhara, wo ganze Hundertschaften gefangengenommen wurden. Von der Großoffensive der königlichen Armee in den Bergen, als plötzlich klarwurde, daß der künstliche Zusammenbruch des Mobilfunknetzes vor allem dazu dienen sollte, die Maoisten manövrierunfähig zu machen und zu schwächen. Mit der Nacht kamen aber auch die Debatten: Ein älterer Franzose in karierter Hose mit Weste erzählt vor dem Kerosinbrenner im Minimalfoyer des Sugat-Hotels die Geschichte von seinem Journalistenfreund, der drei Wochen im äußersten Westen bei den Maoisten unterwegs gewesen war und wie sie ihn alles filmen ließen, und wie er in den Konflikt geriet, daß in dem Moment, da er das, was er gesehen hatte, schreiben würde – die Blutbäder in den Dörfern, die von den Berufsrevolutionären dort angerichtet wurden –, er wahrscheinlich auf die Abschußliste der Maoisten geraten würde. Drei Tage vor dem Coup d'Etat war er wieder dorthin zurückgekehrt, um seine Geschichte zu Ende zu recherchieren. Nun wußte der verzweifelte Franzose nicht, ob sein Freund ins Sperrfeuer der angeblichen Großoffensive der Armee geraten würde. Nach einigen Gläsern Wainscot, den der Besitzer des Sugat, Barun Manandhar, großzügig anbot, wovon vor allem der Franzose ergiebigen Gebrauch machte, brachte es ein italienischer Antiquitätenhändler aus Piacenza, von selbst importiertem Chianti befeuert, auf folgenden Punkt: Wenn es jemand schaffen könne, den Konflikt mit den Maoisten zu beenden, dann nur der König. Kaum einer glaube ja in Nepal noch dem Gerede der Politiker und ihren endlos wiederholten rhetorischen Spielen und Drohungen.

Als der nächste Tag dämmerte, wurde uns klar, daß es nicht mit dem einen Tag fern von der Mitte der Welt getan sein würde. Ein Besuch bei der Botschaft zeigte: Auch hier waren die Leitungen gekappt, auf die Anfrage nach einem Kontakt zu unserem Kontaktmann im Verlagshaus Axel Springer in Hamburg,

Tim Besser, der schon etwas weniger geduldig als sonst auf die Druckfahnen der nächsten Ausgabe von DER FREUND wartete, zuckte die Sekretärin kurz die Schultern, schlürfte an ihrem Malzkaffee und gab uns ein Notfallformular mit, »für die Zukunft, damit wir wissen, wen wir wo zu erreichen haben, wenn die berühmte letzte Maschine außer Landes geht«. Schließlich hoffe sie aber, wie alle hier, daß der Kommunikationsstillstand, wie angeblich versprochen, auf 96 Stunden begrenzt bleiben würde. Auf den Straßen sah der Alltag aus wie immer, die Sonne strahlte, und niemand schien sie wirklich zu vermissen, die Mobiltelefone, seit kurzer Zeit das ultimative Statussymbol in Nepal. Das Zurückschalten der Gänge führte zur augenblicklichen Rückkehr in ein anderes Jahrhundert. Ein Generalstreik in Kathmandu, zu dem die Maoisten aufgerufen hatten, wurde einfach nicht befolgt, weil niemand davon wußte. Die Tageszeitungen zeigten auf der Titelseite zwei Schwäne im Zoo. Aus anderen Quellen hörte man, die alte Regierung stünde unter Hausarrest. Die neue nehme unterdessen ihre Geschäfte auf und kündige Maßnahmen gegen die allmächtige Bürokratie an. Ein Schneidermeister, mit dem wir über die Maßnahmen sprachen, äußerte sich skeptisch: Die Korruption sei in Nepal inzwischen genetisch veranlagt. Der Respekt, den sich der König durch seinen Alleingang trotz der Zensur der Medien verschafft hatte, wurde

durch die ersten Nachrichten aus den wieder emp-
fangbaren Fernsehsendern noch verstärkt. Geflohene
Politiker riefen die Maoisten dazu auf, keine Gespräche mit dem König zu führen. Ein sicheres Zeichen
dafür, daß jenen eher zynisch veranlagten Exilanten
an nichts anderem gelegen war, als ganz schnell wieder zurück und somit an die Macht zu kommen. Wer
die Gespräche zu boykottieren versuche, sorge
schließlich dafür, daß das Morden endlos weiterginge.

Auch am dritten Tag keine E-Mails, kein Internet.
»Mercantile« hatte sich inzwischen zum Fort Knox
des Subkontinents verwandelt, der gute Kontakt zum
Elektroanbieter war auf einmal wichtiger als das Her-
unterhandeln der auf den Straßen verteilten Nach-
mittagszeitung. Jeder nannte und kannte seinen Ser-
vicebeauftragten beim Vornamen, die Privatadressen
der Angestellten wurden heimlich herumgereicht,
um zu erfahren, wann es wieder Internet gebe. In der
Redaktion stellte sich ein völlig neues Arbeitstempo
ein. Mitten im Redigieren hatten wir endlich Zeit,
die Syntax angebotener Artikel der Nagelprobe eines
simultan zur Lektüre geführten Schachspiels zu
unterziehen. Oder, während im Hintergrund die
volle Länge von Keith Jarretts *The Köln Concert* aus
dem iPod erklang, das wir auf unendliche Wiederho-
lung gestellt hatten, die freiwillig eingesandte Lyrik
mittels Lautprobe zu erkunden und zu bewerten. Der

Lemon-Tea von Barun auf der Dachterrasse wurde früher als sonst, bereits gegen drei Uhr, serviert. Ein Besuch bei den Büros der Fluglinien, die angeblich wieder Verbindungen aufnehmen sollten, verlief unbefriedigend, da selbst die City-Büros keinen Kontakt zum Flughafen hatten. Ein deutscher Tourist und Planespotter wollte um kurz vor zwei Uhr von der Dachterrasse des Spaghetti-Restaurants »La Dolce Vita« in Thamel die lila und weiß kolorierte Triple-Seven Boeing der Thai Airways am Himmel identifiziert haben, indes nach drei Carlsberg. Erst am elften Tag ergatterten wir die zwei letzten Plätze auf der Thai nach Bangkok, in zwei Tagen zwar erst, aber immerhin. BBC und CNN waren zurück, wir bemerkten es, da wir unseren Fernseher gleich am ersten Tag des Putsches zu den Bettbezügen in den Schrank gestopft hatten, erst im Foyer, wo ein englischer Kinderhilfsdienstarbeiter den guten Geist Raju gezwungen hatte, seine Lieblingspopsendung auf *Kantipur* für die britischen Ligaergebnisse des Sportformats zu unterbrechen. Ein rohes Verhalten.

Barun erzählte uns an diesem vierten Abend, nachdem sich der autokratische König mit Hilfe der königlichen Armee an die Spitze des Staates gestellt und somit auch symbolisch das Land einem anderen Jahrhundert zugeordnet hatte, die Legende der Shah-Könige, denn die Geschichte der Demokratie im einzigen und damals noch letzten Hindu-Königtum der Welt war noch sehr jung. Das Geschlecht der Könige jedoch sehr alt. Dieser Legende nach also traf der erste König des Shah-Geschlechtes, Prithvi Narayan Shah, auf seinem Weg von Gorkha nach Kathmandu einen Gott in Gestalt eines ausgehungerten Mönches. Der König gab ihm von seinem Joghurt, den der Mönch in die Schale zurückerbrach. Als der König es abschlug, den vom Mönch erbrochenen Joghurt zu essen, ging die Schale zu Boden, und der Joghurt verspritzte auf alle seine zehn Zehen. Der Mönch prophezeite ihm darauf das Ende der Herrschaft nach zehn Generationen, für jeden Zeh eine. Gyanendra ist, wie sein ermordeter Bruder Birendra, König der zehnten Generation.

Vielleicht war ja die unpopuläre Maßnahme, die er ergriffen hatte, der einzige Weg, dem Los der Legende zu entgehen und sich um Nepal dauerhaft verdient zu machen, indem er das Chaos seines Landes mit Gewalt befriedete. Die freilich hatte auch noch beim Abflug am Sonntag nach dem Putsch ein vergleichsweise freundliches Gesicht. Die Soldaten winkten am Rande der Startbahn voll uniformiert freundlich mit Maschinengewehren den abreisenden Fluggästen zu, sie mögen doch gerne wiederkommen. Wir taten es.

Ein Tee mit Prachanda

> Es ist gewiß ja eher so, Gewaltiger,
> Gewalt, die Deine Ohren dröhnen läßt, hör zu:
> Dein Magazin wird leer sein irgendwann – ich nicht.
> *Banira Giri*

Der Bürgerkrieg fand seinen Ursprung in der erschütternden Armut des ländlichen Nepals. Das Jahr 1996 sah die ersten Angriffe gegen Militärposten der Regierung. Damals waren die Maoisten nur eine von vielen extremistischen Kommunistengruppen des Landes, doch gerade ihre Brutalität, das gnadenlose Vorgehen der Kadergruppen und ihre kompromißlose Gewaltbereitschaft machten sie für viele junge und orientierungslose Nepalis so attraktiv. Sie trugen Uniform, rüsteten ihre Mitglieder erst mit selbstgebauten Gewehren aus, um sich später dann, durch ihre Kontakte zu den indischen Befreiungsbewegungen in Nagaland, Assam und Mizoram, der Tamilischen Befreiungsfront Sri Lankas sowie zu den mafiös strukturierten Kriminellen im benachbarten indischen Bundesstaat Bihar mit modernem Kriegsgerät zu versorgen.

Ihre Ideologie wurde von einem Landwirtschaftsstudenten namens Pushpa Kamal Dahal entwickelt, der nach der Lektüre der gesammelten Werke Mao Tsetungs und Ho Chi Minhs erst eine neue, auf den Bauernstaat Nepal zugeschnittene Kampfideologie entwickelte und sich dann »Prachanda« nannte, »The Fierce One«. Ein wesentlicher Aspekt des Erfolges der Maoisten war immer ihre Rekrutierungsstrategie – sie hatten es auf die ethnischen Minderheiten und die arbeitslose Landbevölkerung abgesehen.

Vom tamilischen Tiger übernahmen sie die Praxis, besonders Frauen zu erbarmungslosen Kampfmaschinen auszubilden, mit dem Versprechen, der Rolle der traditionell untergeordneten und im Grunde rechtlosen Frau in der nepalesischen Gesellschaft ein radikal neues, nie gekanntes Gesicht zu geben, das der Gleichberechtigung. Der Schachzug, die unterste Kaste der Unberührbaren, der Dalit, nicht nur anzuwerben, sondern vereinzelt hohe Posten innerhalb der Bewegung bekleiden zu lassen, ist Kern der Strategie, den traditionell Machtlosen im Land Macht zu verleihen.

Die chinesische Regierung hat den nepalesischen Sonderweg innerhalb der maoistischen Lehre niemals akzeptiert.

Nach Jahren des blutigen Bürgerkrieges gelangten im Frühjahr 2008 die Maoisten unter ihrem charismatischen Führer Prachanda nicht nur an die Regierung, sie gewannen sogar mit einer geringfügigen Mehrheit die ersten freien Wahlen des Landes. Im August schließlich durfte sich Prachanda bereits Präsident seines Landes nennen. Das alles war noch in weiter Ferne, als wir im April des Jahres 2008 mit Maoistenführer Prachanda sprachen, sozusagen fast unmittelbar vor dessen Machtübernahme:

Kurz vor sieben Uhr morgens, wie am Vorabend verabredet, standen wir also vor Prachandas Haus und wurden von freundlich dreinschauenden Rekruten seiner Miliz in ein Wartezimmer geleitet. Die äußerst spärliche Möblierung wurde durch die nahezu kaffeeartige Konsistenz des Schwarztees, den Miliz-Diener uns unaufdringlich in quadratischen Tonschalen anboten, sozusagen noch betont. Nach einer kurzen, wenig beredten Pause wurden wir endlich auf mehrfache Nachfragen hin in das angrenzende Zimmer gebeten, wo Prachanda in einem speckigen Ledersessel neben seinem Schreibtisch saß und gerade dabei war, einen großen Stapel bereitliegender Autogrammkarten zu unterschreiben. Als er uns sah, stand er auf und schüttelte vertrauensvoll unsere Hände, indem er sie zwischen seine ordentlich behaarten Pranken nahm. Sein Blick hinter den dicken Augengläsern war sehr starr, die Augen winzig, er wirkte wie in dem ersten BBC-Interview stark medikamentisiert. Nach ein paar gegenseitigen Freundlichkeitsbekundungen begann endlich das Gespräch, dessen ungewohnt kruder Ton den Leser nicht verschrecken soll. Er liegt, wir versichern es hiermit, allein daran, daß wir uns nur ungern mit dem Ende der Monarchie abfinden können.

Nickel: »Wir kommen aus dem Land, das den Kommunismus erfunden hat.«

Prachanda: (kichert)

Nickel: »Karl Marx stammte zwar aus Trier im Westen Deutschlands, aber die Bewegung startete eigentlich eher in Sachsen mit seiner umfangreichen Textilindustrie, wo meine Familie herstammt. Kracht hier neben mir ist Schweizer.«

Prachanda (zwirbelt sich am Schnurrbart): »Das ist wirklich interessant.«

Kracht: »Bevor wir auf die Politik zu sprechen kommen, etwas Persönliches: Was bereitet Ihnen am meisten Freude?«

Prachanda: »Nun, das ist meine Familie. Mein Sohn und meine Frau. Wenn ich nachts nach Hause komme, genieße ich unsere Zeit zusammen.«

Nickel: »Freuen die sich darüber, daß Sie bald Premierminister werden?«

Prachanda: »Sie sind stolz auf die Verantwortung, nehme ich an. Aber sie hatten mehr von mir, als wir uns noch im Krieg befanden. Jetzt wird meine Zeit von endlosen *meetings* vertilgt, Gesprächen und so weiter.«

Kracht: »In den Wahlen am 10. April hat das nepalesische Volk sich klar für den Wechsel entschieden, aus Enttäuschung über die traditionellen Parteien. Denken Sie, diese Parteien werden nun mit ihnen kooperieren, oder ist es immer noch deren größter Wunsch, Sie fallen und versagen zu sehen?«

Prachanda: »Ich glaube nicht, daß sie diese Strategie weiterverfolgen werden. Sie werden es nicht wagen, den Prozeß des Friedens und der Arbeit an einer neuen Verfassung zu behindern. Ich bin überzeugt, daß sie letzten Endes kooperieren werden. Gerade gestern hatte ich eine sehr gute Debatte mit den Führern der UML und des NC. Obwohl sie sich noch immer damit schwertun, die Dynamik der neuen Situation zu verstehen, werden sie alle an der Regierung teilhaben und daher mit mir zusammenarbeiten. Sie haben einfach nicht damit gerechnet, daß die Maoisten diese Wahl so haushoch gewinnen würden.«

Nickel: »Sie auch nicht, oder?«

Prachanda: »Stimmt. Die Massen stimmten für den Wechsel, und die restlichen Parteien fassen es immer noch nicht, daß es da diese überwältigende Mehrheit gibt, die ein neues Nepal will. Am Ende werden sie dennoch erkennen, daß es zu der Zusammenarbeit mit uns keine Alternative gibt.«

Kracht: »In einer Koalition wird es dennoch schwer sein, die Agenda der Maoisten unterzubringen. Müssen sich die unteren Kader ihrer Partei auf große Enttäuschungen gefaßt machen?«

Prachanda: »I wo, nein nein. Sehen Sie: *Wir* werden doch später an der Spitze der Regierung stehen. Und schon dafür sorgen, daß sich hier einiges ändert. Aber um eine Verfassung zu erstellen, braucht man die Unterstützung aller Parteien.«

Nickel: »Da ja die Erarbeitung dieser neuen Verfassung absolute Priorität hat, riskieren Sie damit nicht, die eigentlichen Aufgaben der Regierung zu vernachlässigen und damit die unmittelbaren Bedürfnisse der Bevölkerung?«

Prachanda: »Na ja, die Verfassung ist schon wichtig, aber die wirtschaftlichen Probleme des Landes sind es natürlich auch. Die Nepalesen haben sehr hohe Erwartungen, sie wollen unmittelbare Erleichterungen in ihrem täglichen Leben. Daal Bhat mit mehr Linsen. Billiges Benzin. Einen Haarschnitt unter zwanzig Rupien. Um unsere Wirtschaftsagenda durchzubringen, brauchen wir die anderen Parteien, die alle ihre eigenen Ideologien haben. Da kommen wir nicht mit allem durch und müssen Abstriche machen. Aber mit uns an der Spitze wird es ein viel sozialeres Klima geben, das uns erlaubt, eine bessere Infrastruktur zu schaffen. Das wird den Menschen zugute kommen. Tausende werden wir mobilisieren, um dieses Land neu aufzubauen. Sie werden sie durch die Straßen marschieren sehen, mit der roten Fahne, ein Lied auf den Lippen und dabei Müll wegschaffen. Sie werden sehen. Wir werden damit nicht warten, bis die Verfassung verabschiedet ist.«

Kracht: »Das sind in der Tat hohe Erwartungen, die Sie da nähren, der stinkende Müllberg am Indra-Chowk beispielsweise, an dem wir jeden Tag mit der Rikscha langfahren, wird ja im Moment noch weitgehend von heiligen Kühen weggegobbelt.«

Prachanda: »Ja, das sind große Herausforderungen. Aber unsere Regierungspolitik wird viel transparenter sein als jetzt. Wenn die Menschen sehen, was wir alles machen, wird das gleich auch ein anderes, sozialeres Klima schaffen, was die Grundlage für den Wiederaufbau des Landes ist.«

Nickel: »Symbolisch transparente Akte wie der, das formale Ende der Monarchie zu erklären, lassen sich leichter bewerkstelligen, als Schulen oder Straßen zu bauen.«

Prachanda: »Jetzt haben wir über sechzig Jahre für die Abschaffung der Monarchie gekämpft, da werden Sie verstehen, daß das unsere erste Priorität ist.«

Kracht: »Wenn es nach der Interimsverfassung geht, ist doch das Land längst eine Republik. Warum verwenden Sie so viel Energie darauf, die Monarchie nochmals abzuschaffen, diesmal in aller Form? Lenkt das nicht von den wahren Problemen im Land ab?«

Prachanda: »Die historische Entwicklung Nepals in den letzten sechzig Jahren kann man nur verstehen, wenn man darin vor allem den Kampf um die Abschaffung der Monarchie sieht. Wieder und wieder haben wir gerufen: nieder mit dem Feudalsystem! Nieder mit dem Königreich! Das war immer unsere zentrale Forderung gewesen. Deswegen bestehen wir darauf, obwohl Nepal bereits in der Interimsverfassung erklärte Republik ist. Das muß nun noch in Stein gemeißelt werden. Ein für allemal. Unsere erste Pflicht ist, dafür zu sorgen, daß die Monarchie nie wiederkommt. Das wird gleich auf der ersten konstituierenden Ratsversammlung erledigt.«

Nickel: »Es gibt hochrangige Führer unter Ihren zukünftigen Koalitionspartnern, die da ganz anders denken…«

Prachanda: »Ah ja? Ich denke, die erste Sitzung des verfassunggebenden Rates wird die Abschaffung der Monarchie beschließen. Ich sehe kein Problem, was diesen Punkt betrifft.«

Kracht: »Nun, ein Problem könnte sein, daß einige Ihrer Koalitionspartner die Frage ansprechen werden, ob es nicht weise sein könnte, sich zu überlegen, wer oder was denn nun genau den König ersetzen soll, bevor man ihn loswird.«

Prachanda (grummelt): »Nein, das ist nicht wahr.«

Nickel: »Wird das neue Staatsoberhaupt exekutive Gewalt haben? Wie wird man ihn wählen? Wird es eine Amtszeitsbeschränkung geben? Würde die formale Abschaffung der Monarchie nicht eher am Ende des verfassunggebenden Prozesses stehen?«

Prachanda: »Wie glauben, der Monarch sollte durch einen Präsidenten ersetzt werden, der mit realer politischer Macht ausgestattet ist. Unglücklicherweise gibt es in dieser Frage keinen Konsens mit den anderen Parteien. Die anderen Parteien glauben, der zukünftige erste Mann im Staat solle eher eine zeremonielle Rolle spielen. In der Interimsverfassung ist kein Präsident vorgesehen, aber sie besagt, daß der Premierminister die Funktion und Verantwortung des Staatsoberhauptes übernimmt, bis die neue Verfassung in Kraft tritt. Ich bin zuversichtlich, daß wir eine einvernehmliche Lösung finden werden. Entweder bekommen wir einen Präsidenten, der mit exekutiver Gewalt ausgestattet ist, oder einen mit einer eher zeremoniellen Rolle, und in der Zwischenzeit fungiert eben der Premierminister als Staatsoberhaupt. Basta.«

Kracht: »Nochmals – wäre es nicht sinnvoller, eine präzise Vorstellung davon zu haben, was eine jahrhundertealte Institution wie die Monarchie ersetzen soll, bevor man sie abschafft? Immerhin war sie ein Garant für Souveränität und Einheit Ihres Landes.«

Prachanda: »Ich bin mir sicher, daß wir einen Präsidenten mit klar definierten Verantwortungen haben werden, wenn die neue Verfassung verabschiedet ist. Aber auf der ersten Sitzung des verfassunggebenden Rats wird Nepal formal zur Republik erklärt. So sieht das aus.«

Nickel: »In den letzten Tagen haben Sie eine große Anzahl vertrauensbildender Maßnahmen unternommen, um die Unternehmer des Landes Ihres Respekts für deren Eigentum zu versichern. Da wir aus dem Geburtsland des Kommunismus stammen, werden Sie uns sicher Zweifel an dieser Aussage erlauben. Zentrales Prinzip des Sozialismus ist es doch gerade, die Produktionsmittel in die Hände des Proletariats zu übereignen. Also: Entweder Ihr Etikett als kommunistische Partei stimmt nicht, oder Sie sind nicht ganz ehrlich, was Ihre wahren Absichten anbelangt.«

Prachanda: »Marx erklärte die Welt sehr wissenschaftlich. Seine Theorie basiert auf der Erkenntnis, daß die Welt sich in einem konstanten Prozeß des Wandels befindet. Den Marxismus verstehen heißt, die Dynamik des Wandels an sich verstehen. Und zu wissen, an welchem Punkt der Geschichte man sich befindet. Ich wiederhole mich ungern, aber heute, Ihnen zuliebe, will ich es tun: Wir kämpfen gegen den Feudalismus, nicht gegen den Kapitalismus. Unser größtes Problem ist im Moment die feudale politische Struktur des Landes. Wir wollen als erstes den Feudalismus loswerden. Der nächste Schritt ist die Akkumulation von nationalem Kapital, und dafür müssen wir der Bourgeoisie erlauben, genug Wohlstand zu erwerben, um ihre Industrien aufbauen zu können. Nur auf diesem Weg können wir Bedingungen schaffen, die Sozialismus und schließlich Kommunismus möglich machen. Wir weichen nicht von unserer ursprünglichen Ideologie ab, wir sind nur realistisch, was die Stufe im historischen Prozeß anbelangt, auf der wir uns gerade befinden.«

Kracht: »Was Sie den Unternehmern also sagen, ist: Investieren Sie ruhig, machen Sie sich keine Sorgen, wir nehmen Ihnen ja erst viel später alles wieder weg.«

Prachanda: »Unser Endziel heißt Kommunismus. Wir werden dabei jegliche Formen von Eigentum abschaffen. Aber wer weiß, wie lange das dauern wird? Es könnten fünfzig Jahre sein oder hundert oder Hunderte von Jahren, bevor die Zeit reif ist für Sozialismus und schließlich Kommunismus. An diesem Punkt der Geschichte attackieren wir eben den Feudalismus.«

Nickel: »In Ihrem Buch *The Prachand Path* schreiben Sie Sätze über die ›feudalen Klassen‹, die ziemlich bedrohlich klingen. Da steht, daß die ›feudalen Elemente der Gesellschaft eliminiert werden, damit kein Saatkorn übrigbleibt‹.«

Prachanda: »Ja, genau.«

Kracht: »Ein großer Anteil der Reichtümer dieses Landes gehört den Menschen, die Sie eliminieren wollen. Erst versichern Sie, das Privateigentum werde respektiert, dann heißt es, die Menschen, denen dieses Privateigentum gehört, werden eliminiert?«

Prachanda: »Der erste Repräsentant des Feudalsystems ist der König, zusammen mit seiner Familie. Wir haben zusammen mit den anderen politischen Parteien beschlossen, das Eigentum des Königs zu verstaatlichen. Wir haben aber auch gesagt, daß wir ihm und seiner Familie erlauben werden, Teile seines Eigentums zu behalten und Geschäfte hier im Land führen zu können wie jeder andere Mensch auch, vorausgesetzt, sie respektieren das Urteil des Volkes. Wir werden das Eigentum von König Birendra konfiszieren und das von Gyanendra und Kronprinz Paras und seiner Familie ebenfalls. Das ist beschlossene Sache. Es geht nicht um die herrschende Klasse gegen die Massen. Unser Klassenfeind ist der König, seine Familie und das feudale System, für das sie stehen. Ihre Eigentümer werden verstaatlicht, die Eigentümer der Bourgeoisie sind von dieser Maßnahme nicht betroffen. Ihnen werden wir helfen, Wohlstand zu erwirtschaften, um Arbeitsplätze zu schaffen, die Industrie weiter aufzubauen, kurz: nationales Kapital zu akkumulieren. Wir werden nur das Eigentum der feudalistischen Elemente verstaatlichen.«

Nickel: »Wen genau meinen Sie mit ›feudalistisch‹? Den König? Oder ihn und seine engsten Verwandten? Oder ihn, seine engsten Verwandten und seine entferntere Verwandtschaft? Das würde effektiv ein paar Dutzend Familien der *upper class* von Nepal bedeuten, da ja fast die gesamte *upper class* irgendwie mit der Familie des Königs verwandt ist.«

Prachanda (leicht erregt): »Ja vielleicht, eines Tages. Im Moment ist unsere Aufmerksamkeit auf die engsten Verwandten dieses Feudalherrschers gerichtet.«

Kracht: »Vor zwei Jahren sagten Sie in einem Interview mit der BBC, Nepals ›feudale Elemente werden vor ein Volksgericht gestellt und hingerichtet‹. Jetzt sagen Sie, es ist nur der König selbst, hinter dem Sie her sind. Und das restliche Privateigentum wird nicht angetastet. Wie beeinflussen solche Winkelzüge ihre Glaubwürdigkeit?«

Prachanda (jetzt sichtlich erregt): »In gewisser Weise hat sich eben die Situation geändert. Wenn die feudalen Elemente das Verdikt der Massen respektieren, wird unser Volk ihnen vergeben und sie ihren Geschäften nachgehen lassen wie jeden normalen Bürger auch.«

Nickel: »Sie haben gesagt, der König würde ein ganz normaler Bürger werden.«

Prachanda: »Genau.«

Kracht: »Wenn dem so ist, würde er dann nicht die gleichen Rechte und Pflichten genießen wie jeder andere normale Bürger auch? Nach dem Gesetz wäre er dann der rechtmäßige Besitzer dessen, was er von seinem Bruder König Birendra ererbt hat. Wie können Sie ihm dann sein Eigentum streitig machen und es ihm wegnehmen?«

Prachanda (schnippisch): »Als Privatperson kann er sein Eigentum genießen, sein Eigentum als König jedoch wird verstaatlicht.«

Nickel: »Wie trennen sie das eine vom anderen?«

Prachanda: »Das ist ganz einfach: Nehmen Sie doch nur den Narayanhiti-Palast. Den hat er als König bewohnt und nicht als Mr. Gyanendra Shah. Dann gibt es den privaten Palast, wo er gewohnt hat, bevor er König wurde: Da kann er gerne wieder hinziehen, wenn er mag.«

Kracht: »Nicht alles ist so einfach. Da ist zum Beispiel der Palast der Königinmutter. Er ist nicht Teil des Narayanhiti-Palasts, steht aber auf dem Grundstück des Palastes. Ist das jetzt Privatbesitz oder königliches Eigentum?«

Prachanda (kichert): »Ja, es gibt da ein paar pikante Details, mit denen wir uns auseinandersetzen dürfen. Der Punkt ist der: Gemeinsam mit fast allen anderen Parteien haben wir beschlossen, daß alles, was dem König als König gehört hat und nicht als Privatperson, verstaatlicht wird.«

Nickel: »Das ist ja eine monumentale Herausforderung, Stück um Stück zu entscheiden, was der

Königsfamilie privat gehört hat und was sie nur offiziell, von Amts wegen, benutzt hat. Teegeschirr? Haarbürsten? Lesezeichen?«

Prachanda: »Es wird eine Kommission geben, die sich um die Details kümmert.«

Kracht: »Das kann eine Weile dauern. Der Ledersessel, auf dem Sie da sitzen, benutzen Sie den als Privatperson oder als Maoistenführer?«

Prachanda (lacht): »Ja, genau!«

Nickel: »Perfekt. Gibt es momentan direkte Verhandlungen mit dem Palast?«

Prachanda: »Das ist durchaus möglich. Ich habe immer gesagt, daß ich mich mit König Gyanendra treffe, wenn es nötig sein sollte, um die Modalitäten für einen glimpflichen und sanften Abgang zu diskutieren. Um ein Modell zu entwickeln, die Monarchie abzuschaffen. In der Geschichte der Menschheit gibt es Beispiele genug dafür, wie Könige gefangen, umgebracht oder ins Exil gejagt wurden. Diese Dinge geschehen hier und da. Aber in unserem speziellen Fall haben wir sechzig Jahre für die Abschaffung der Monarchie gekämpft, und der letzte Schritt bestand darin, nach einem bewaffneten Kampf gemeinsam mit den politischen Parteien im Parlament die Feudalherrschaft zu beenden. Das ist etwas absolut Neues.«

Kracht: »Es gibt also direkte Gespräche hinter den Kulissen zwischen den Maoisten und dem Palast?«

Prachanda: »Keine direkten Gespräche. Aber über die Kanäle des Internets werden Nachrichten ausgetauscht, ein stetes Ein und Aus im elektronischen Briefkasten.«

Nickel: »In dem von Kracht bereits erwähnten Gespräch mit der BBC haben Sie noch drastisch formuliert: ›Der König wird vernichtet‹. Sie erwarteten eine Exekution oder das erzwungene Exil. Jetzt sprechen Sie von einem ›sanften Abgang‹, und manche reden von der ›kulturellen Rolle‹, die er im Nepal der Zukunft noch spielen könnte. Welche der zwei Positionen ist denn nun der wirkliche ›Pfad des Prachanda‹?«

Prachanda: »Hauptsache ist: Die Monarchie wird abgeschafft sein in Nepal. Ob sie nun vernichtet wird oder nach Verhandlungen friedlich dahingeht, ist nicht von Belang. Wichtig ist, daß die Monarchie ein für allemal aus diesem Land verschwindet.«

Kracht: »Nun, es macht schon einen Unterschied, ob der König exekutiert wird...«

Prachanda: »Wenn er die Entscheidung der Massen nicht akzeptiert, kann das schon noch passieren, rein theoretisch.«

Nickel: »...oder mit Respekt behandelt.«

Prachanda: »Ich meine, wir sind so weit fortgeschritten, daß es für den König keine Möglichkeit gibt, die Entscheidung der Massen zu ignorieren.«

Kracht: »Was passiert denn, wenn der König sich einfach weigert, den Palast zu verlassen?«

Prachanda: »Das wird nicht passieren. Wenn der Verfassungsrat die Entscheidung, die Monarchie abzuschaffen, verabschiedet hat, wird er den Palast längst verlassen haben. Er wird es nicht wagen, so dumm zu sein, das nicht zu tun.«

Nickel: »Lassen wir die Ideologie mal einen Moment ruhen. Denken Sie nicht, daß es einen enormen kulturellen Verlust bedeutet, den letzten Hindu-König aus dem Amt zu jagen? Vieles von dem, was Nepal als Kulturnation einzigartig macht, ist doch untrennbar mit der Tradition des Königtums verwoben.«

Prachanda: »Eine sehr interessante Frage. Und ich kann Ihnen versichern, wir sind uns dessen bewußt.«

Kracht: »Was wird als nächstes passieren: Abschied von der Kumari, der kindlichen Göttin? Was ist mit dem Indra Jutra-Fest? Wird es verboten, weil es ein königliches Fest ist?«

Prachanda: »Sie müssen verstehen, daß sowohl die Kumari als auch alle unsere Festlichkeiten nicht direkt etwas mit der gegenwärtigen Shah-Dynastie zu tun haben...«

Kracht: »...aber mit der Institution des Königtums!«

Prachanda: »Ja, mit dem König, aber nicht mit der Shah-Dynastie!«

Nickel: »Also sind Sie sich dessen bewußt, daß Sie mit der Verdammung des Königs die kulturelle Textur Nepals gefährden, die Millionen von Touristen anzieht und in ihr Land führt?«

Prachanda: »Unser kulturelles Erbe bleibt erhalten. In Zeremonien, die das Staatsoberhaupt erfordern, wird der Präsident die einstige Rolle des Königs übernehmen. Unsere Traditionen werden wir freilich einigen Anpassungen zu unterziehen haben.«

Nickel: »Ehrlich gesagt, Indra Jutra ohne König ist, als ob jemand in Europa fordern würde, Weihnachten zu feiern, aber Jesus müsse leider draußen bleiben.«

Prachanda (lacht): »Wie dem auch sei, unser Volk hat sich entschieden.«

Kracht: »Fünfundvierzig Prozent des Einkommens in Nepal wird durch Tourismus erwirtschaftet, mehr als zwei Drittel der Wirtschaft sind direkt oder indirekt vom Tourismus abhängig. Glauben Sie wirklich, die Menschen werden immer noch hierherkommen, wenn Sie Nepal in einen stromlinienförmigen Kommunistenstaat verwandeln? Eine Art zweites Kambodscha oder Nordkorea?«

Prachanda: »Nepal wird nicht wie Nordkorea werden. Wir werden hier etwas völlig Neues erschaffen. Und das wird immer noch sehr attraktiv für Touristen sein.«

Nickel: »Unsere letzte Frage: Was wird sich auf sozialer Ebene ändern, wenn Sie an der Macht sind und die Shah-Dynastie Vergangenheit ist? Viele altgediente Maoisten gehören zur *upper class* und kommen aus dem Brahmanen-Umfeld ...«

Prachanda: »... *upper caste*, nicht *upper class*!«

Kracht: »Also anstelle eines Brahmanen als dynastischem Staatsoberhaupt wird es einen Brahmanen als Präsidenten geben, gewählt von der Parteien-Aristokratie. Wo genau sehen Sie da den sozialen Fortschritt?«

Prachanda (leicht wütend): »Niemand wird gewählt, weil er ein Brahmane ist! Gewählt werden die, die einen Beitrag zum Wandel leisten. Die Menschen in diesem Land verstehen das sehr gut. Es gibt eine historische Umbruchssituation in Nepal. Die vernachlässigten Menschen des Landes übernehmen die Macht.«

Wir: »Danke, daß Sie sich für uns Zeit genommen haben.«

Die Milizen begleiteten uns aus dem Zimmer heraus, im Blick zurück sahen wir noch, wie Prachanda den Stapel Autogrammkarten vom Tisch in seine Westentasche schob und den Montblanc-Füllfederhalter sachte zuschraubte. Inzwischen war die Sonne über Kathmandu aufgegangen, ein milchiger Aprilmorgen schälte sich aus dem Tal. Wir fuhren stumm und nachdenklich mit einem Taxi zum Frühstück in die Pumpernickel-Bakery. Es gab Croissants, frisch gepreßten Mandarinensaft, Spiegeleier und Latte Macchiato.

Buddha revisited

> Wir sind im Nirgendwo, und wir sind nichts.
> Und gerade deshalb sind wir irgendwo und etwas, ganz bestimmt.
> Daß wir nicht leben, ist vielleicht der Grund, daß wir am Leben sind.
> Genau deswegen kommt zusammen, oh, Ihr Anbeter der Leere,
> laßt uns die Leere anbeten und preisen in Vollendung,
> laßt uns vor ihr verbeugen und tief niederknien,
> vor dieser Gottheit unserer ganzen Existenz.
> *Bhupi Sherchan*

Im Jahr 2005 tauchte in Südnepal zu unserer Überra-
schung eine vermeintliche Reinkarnation Lord
Buddhas auf. Der 15jährige Junge Ram Bahadur
Bamjon, so lauteten die ersten Nachrichten auf der
dritten Seite der *Kathmandu Post*, sitze nun schon seit
über sechs Monaten inmitten der Wurzeln eines
Affenbrotbaums und meditiere, mit geschlossenen

Augen, die Beine über Kreuz geschlagen, ziemlich stark schwitzend, wie die Aufnahmen bei genauerem Hinsehen zeigten.

Knapp 2500 Jahre nach Siddhartha Gautama und knapp 250 Kilometer westlich von dessen Geburtsort Lumbini sitze Ram Bahadur Bamjon nun, nichts zu sich nehmend, nicht einmal Wasser, nichts ausscheidend (außer seiner Transpiration) und vor allem: nicht sprechend.

Bald scharten sich erste Anhänger und Jünger um den Knaben und brachten Geschenke, Blumen, Bienenhonig, Glücksbringer und Wimpel, um sich von seiner heiligen Aura benetzen zu lassen. Einige, so war in der *Kathmandu Post* zu lesen, brachten sogar ihre Mobiltelefone mit, legten sie neben ihm nieder, um möglichst direkt mit dem Medium Siddhartha Gautama in Verbindung zu bleiben, auch nachdem sie den heiligen Ort wieder verlassen hatten, um in ihren Heimatort zurückzukehren. Einige ganz Findige hatten lediglich Photos ihrer Mobiltelefone beim heiligen Buben liegenlassen.

Mit dem Ruhm aber kamen auch die Kameras, die Fernsehstationen, die Nonstop-Aufzeichnungen, *Kantipur Television*. Konnte man sich für die Zeit vor Erscheinen der ersten Nachrichten über Ram Bahadur Bamjon, was die Korrektheit aller Angaben über Dauer und Konsequenz seines heiligen Fastens und Tuns anbelangte, noch ausnahmslos auf die vor Ort versammelten Freunde und Zeugen verlassen, mußte sich der immer noch sehr dickliche, eigentlich wie ein unehelicher Stiefbruder Pete Dohertys aussehende Ram Bahadur Bamjon nun vor einer despektierlichen Instanz beweisen: der Videoüberwachung durch Journalisten.

Am Tag unserer Ankunft in Ratnapuri hatten wir, im Flugzeug von Kathmandu nach Yanakpur kommend, unseren Freund, Herrn Dr. Abraham T. Kovoor, getroffen, Autor des Buches *Be Gone, God Men*, ein Standardwerk zur Entlarvung falscher Gurus auf dem Subkontinent, der die vermeintliche Inkarnation untersuchen wollte; Dr. Kovoor war mit der Indian Rationalist Association (deren Kürzel IRA vielleicht etwas unglücklich gewählt war) assoziiert, einer losen Vereinigung von Männern und Frauen, die mit Videokamera, Tonbandgerät, Schreibblock und parat gehaltenem Bleistift den Subkontinent bereisen, um durch moderne Techniken zu beweisen, daß es sich beispielsweise bei den indischen Sektenführern Sri Satja Sai Baba, Maharishi Mahesh Yogi oder etwa Rajneesh um Scharlatane handele, deren einziger Motivations- und Handlungsgrund das Geld sei, welches man wißbegierigen und im Grunde dadurch einfältigen Jüngern aus dem Portemonnaie ziehen könne.

Dr. Kovoor meinte, man könne sich vielleicht ein Taxi teilen. Als wir am Ort der Reinkarnation des Buddhas ankamen, stieg er rasch aus und entfernte sich, die beiden Videokameras im Anschlag – über das Geld für das Taxi redete er nicht mehr, und es war auch besser so, da das grandiose Spektakel, das sich uns jetzt bot, es uns verbat, über nebensächliche und kleinliche Dinge wie Taxikosten zu sprechen. Wir bezahlten und liefen Dr. Kovoor nach, der sich, »Excuse, please!« rufend und gestikulierend, vor uns einen Weg durch die beachtliche Menschenmenge bahnte.

Mehrere tausend Anhänger hatten sich in der späten Nachmittagssonne um den jungen Mann geschart, eine kleine Gebühr von vier Rupien (vier Cent) garantierte eine Kurzaudienz, man aß Zuckerwatte, trank Chai, scherzte und lachte, es ging zu wie auf einem Volksfest, was es ja eigentlich auch war. Ernste junge Männer der IRA hatten sich unter die Menge gemischt und versuchten, in Elementar-Hindi (das mit der nepalesischen Sprache etwa so verwandt ist wie Deutsch mit dem Schwedischen) der einfachen Landbevölkerung, die gekommen war, um das Wunder zu sehen, auszureden, daß es sich hier tatsächlich um ein Wunder handele.

Vielmehr, so die IRA, wäre Ram Bahadur Bamjon nichts weiter als eine Marionette lokaler Hehler, die mit dem Buben eine Menge Geld verdienen wollten – man zitierte einen Verwaltungsbeamten aus dem nächsten Dorf, der gesehen haben wollte, wie Ram Bahadurs durchtrainierte Freunde mit Lederjacken und Irakkrieg-Sonnenbrillen, die dafür sorgten, daß niemand seine Meditationen stören könne, täglich kurz vor Geschäftsschluß mit enormen Rupee-Scheinbündeln in der nahe gelegenen Nabil Bank von Ratanapuri auftauchten und in ein extra hierfür eingerichtetes Konto einzahlten, inzwischen sei es gar über eine Milliarde NPR. Die Pilger erklärten ihnen im Gegenzug, sie hätten einen starken, rosafarbenen Lichtstrahl gesehen, der aus Ram Bahadur Bamjons Stirn geschienen habe, und die Rationalisten seien nichts weiter als Ketzer, deren niedere Erkenntnisstufe einfach nicht ausreiche, um das Heilige und so eben Ram Bahadur Bamjon zu begreifen.

Als eine Woche vor unserer Ankunft ein von den Rationalisten bestelltes Ärzteteam, das extra, wie wir, aus der Hauptstadt angereist war, einige medizinische Tests und Untersuchungen vornehmen wollte, winkten die Männer in den Lederjacken ab: Nein, nein, das ginge nicht, einfach so die Meditation zu stören, und außerdem hätten sie auch schon an Rams Gesundheit gedacht und deshalb Unterstützung beim (buddhistisch begründeten) Lumbini Development Trust und der Royal Nepal Academy of Science angefordert, man könne eben in einem solchen Fall nicht irgendwelche dahergelaufenen Ärzte an seine Heiligkeit heranlassen. Überhaupt könne man eigentlich niemanden an ihn heranlassen, um ihn zu untersuchen. Zum Schutz des Jungen wurde jeden Abend der heilige Baum, unter dem er saß (und mit ihm somit Ram Bahadur Bamjon auch), mit einer Vielzahl von bunten Tüchern verhüllt, angeblich um Meditationsenergie aufzutanken für den nächsten Tag.

»Wir haben keine Ahnung, was er nachts in seiner Baumhöhle macht«, so der Kommentar eines sichtlich erschöpften Journalisten, der seine Infrarot-Videokamera die ganze Nacht so nah wie möglich auf die Tücher gehalten hatte, um Rams Bewegungen zu folgen, ohne auch nur den Hauch eines Erfolgs. Die Ärzte hatten dann mit starken Ferngläsern ihre Expertisen beginnen müssen, die lediglich zu dem Ergebnis führten, daß man bestätigen könne, daß der Junge atme, man sehe gegen Nachmittag auffällig oft den Kehlkopf hüpfen, und kurz vor Sonnenuntergang beginne Ram immer etwas zur Seite zu blinzeln, dorthin, wo seine Freunde mit den Lederjacken postiert waren.

Auch zeigten die Aufklärer der IRA und Dr. Kovoor einige Photos herum, die den Fastenden vor Fastenbeginn im Mai zeigten – eindeutig schlanker, fast ausgemergelt im Unterschied zu seiner aktuellen Leibesfülle nun, sechs Monate später. Wie solle das gehen? Nichts gegessen zu haben und trotzdem dicker zu werden? Die Anhänger Ram Bahadur Bamjons entgegneten, das sei doch ganz sonnenklar; die eintretende Leibesfülle sei nur die mimetische Nachempfindung von Lord Buddhas Ur-Imago, dessen Bauchchakra derart in Wirbelungen geraten sei, daß eine Anreicherung des Bauchgewebes durch die Feuchtigkeit der Umgebung herbeimesmeriert werde. Und so ging das immer hin und her. Beweis und Gegenbeweis jagten sich wie die Hühner, die auf den staubigen Straßen Ratnapuris hin und her flatterten.

Gegen allzu aufdringliche Pilger hatten Rams Freunde zunächst einen ersten Kreis aus Stacheldraht in dem Umfang der Baumkrone um das Medium gewickelt, bald folgte, da segnungssüchtige Jünger in unbeobachteten Momenten durch die dornige Barriere robbten, um danach blutend, aber glücklich wieder herausgetragen zu werden, eine zweite Rolle Draht. Ein weiteres Argument der Jünger war schließlich der Name der Mutter – Maya Devi hieß sie, genau wie Lord Buddhas Mutter auch. So viele

Zufälle könne es gar nicht geben, und außerdem gehe es ja hier schließlich um den Glauben, nicht um die Wissenschaft.

Wir waren jetzt schon sechs Tage am Ort des Geschehens und konnten beobachten, wie sich allmählich eine ganze Kleinstadt um den Heiligen entwickelte, ähnlich rasch wie ein sich von selbst entwickelndes Polaroid. Aus der Unschärfe des Raums stieß nun auch ein weiterer Gelehrter zu uns, Mr. Tek Bahadur Lama, und fragte, da er uns für Journalisten hielt, nach unserer Ansicht der Dinge. Wir seien weder Skeptiker noch Befürworter und würden lediglich die Geschehnisse beobachten und notieren, da wir an einer sogenannten *Gebrauchsanweisung für Nepal* für einen angesehenen deutschen Verlag schrieben.

»Yes, quite right, gentlemen. The whole affair is starting to look a bit like when you shine a flashlight through your hand«, sagte Tek Bahadur Lama zu uns, womit er sicherlich nicht ganz Unrecht hatte. »By the way, have you had lunch? Let me invite you.« Dankbar nahmen wir die Einladung an. Es gab, wie immer Daal Bhat; wir nahmen den Linsenbrei in einem kleinen Straßenrestaurant zu uns; Bahadur Lama orderte während des Essens immer neue Varianten und Zutaten, zum Beispiel eingelegte Okraschoten (die er, etwas anrüchig lächelnd und dabei mehrmals die

Augenbrauen hochziehend, *lady-fingers* nannte), dann Bratfisch und Hühnerbeine. Auch eine Flasche des in ganz Nepal sehr beliebten Whiskys »Kukri Commander« stand plötzlich auf dem Tisch, aus der er sich wassergläserweise und mit großem Durst einschenkte. Dann, wir hatten gerade die Rechnung bestellt, winkte der Gastwirt den Lama zum Telefon im Hinterzimmer. Wir saßen schon eine ganze Weile alleine da, als der Kellner mit einem Zettel am Tisch erschien. Darauf stand in krakeliger Schrift: »Had to run. The Buddha has moved.« Wir lachten herzlich, zahlten und gingen ebenfalls wieder hinaus in die sengende Mittagshitze des Terais.

An Ort und Stelle angelangt, fanden wir weder Tek Bahadur Lama noch seine Freunde, dafür den Vorhang früher als sonst zugezogen. In die wartende Menge war Unruhe gekommen. Ein Besucher, den wir sofort als Besitzer eines populären Nachtklubs in Kathmandu erkannten, verriet uns, daß sich der Buddha zwar nicht bewegt hatte, aber der Baum über ihm. Ein trockener schwerer Ast hatte ziemlich knapp Buddhas linke Schläfe verfehlt, was, so der Nachtklubbesitzer, vor allem bei Buddhas Lederjackenfreunden zu panischer Betriebsamkeit geführt hatte. Während die Religionswissenschaftler bereits in ihren mitgebrachten Folianten die Bedeutung des Orakels nachzuschlagen versuchten, hatte einer der kahlköpfigen Bodybuilder sofort die Vorhangleine hinter dem Baum gezogen, und ein anderer schlug wild auf die Beine der Anhänger ein, die das Tohuwabohu unauffällig zum kreisförmigen Näherrücken benutzt hatten.

Wir beobachteten das müßige Schauspiel erst eine gute Weile lang und nahmen dann etwas Abstand. In einiger Entfernung stand eine alte Holzbank, die wohl der örtliche Sperrmüll mitzunehmen vergessen hatte. Die Dämmerung legte sich wie eine alte Erinnerung über die fast afrikanisch anmutende Ebene, mit Hilfe von indischen Minilampen lasen wir uns gegenseitig aus einem alten Hesse-Sammelband vor, und hin und wieder nahmen wir auch einen Schluck First Flush aus einer eigens mitgebrachten Metallthermoskanne.

Als die schwarze, lichtlose Nacht ihren Scheitelpunkt erreicht hatte, wagten wir uns wieder an den Baum. Unser Plan sah vor, den Vorhang jetzt endlich zu lüften, da wir am übernächsten Tag zu unserer alljährlichen Annapurna-Umrundung aufbrechen wollten. Wie stets sollte der Trek mit einer sorgfältigen Waschung des Gesichts vor der aus einem metallenen Kuhmund sprudelnden heiligen Quelle von Muktinath, fast auf 4000 Metern, dort, wo die ersten Schneefelder warten, beginnen. Die Reinheit des

Wassers ist nur demjenigen verständlich zu machen, der sie bereits im Kern seiner Seele besitzt.

Dies im Sinn, schlichen wir uns an den Schlafenden entlang zum Baum hin. Durch den Tumult des Nachmittags waren die vielen Zaunkreise niedergetrampelt, die letzten eingerollten Pilger lagen wie Spiralnebel um den innersten Kreis des Baumes gedreht. Als wir den Vorhang erreicht hatten, bemerkten wir, daß es sich um schweres, wahrscheinlich südindisches Baumwolltuch handelte. Alles schlief.

Vorsichtig lüfteten wir die Stoffplane von links her, und tasteten uns gen Baum hin. Als der erste von uns den Stamm erreicht hatte, bemerkten wir, daß da keine Rinde war, sondern etwas Glattes, eine kalte Oberfläche. Vorsichtig knipsten wir eine Leselampe an: Das Bild, das sich uns nun darbot, war außerordentlich. Der scheinbar durch die Zufuhr von Licht ausgelöste Mechanismus, dessen Zeuge wir nun wurden, zeigte uns einen zwieköpfigen Buddha mit dem wabbeligen Körper von Ram Bahadur Banjom, auf dem aber unsere beiden Gesichter thronten. Wir mußten augenblicklich lachen.

Bereits erschienen:
Gebrauchsanweisung für...

01/0002/13/L

01/0002/13/R

PIPER

Eckhart Nickel
Gebrauchsanweisung für Portugal

146 Seiten. Gebunden

Noch heute geht der Blick der Portugiesen melancholisch
hinaus auf den Atlantik. Mit dem Aufbruch über das
Wasser nahm ihre große Zeit den Anfang, die Epoche der
Eroberungen durch den legendären Seefahrer Vasco da
Gama. Die Sehnsucht nach dem Glanz dieser versunkenen
Zeit ist noch heute zu spüren in den Barbearias von
Lissabon oder in den ehrwürdigen Gebäuden der Univer-
sität von Coimbra. Inzwischen ist Portugal hellwach, bei
fado und Wein wird gefeiert in den schicken Bars und Cafés
von Lissabon, wo früher Pessoa an seinen Gläschen genippt
hat. Und so scheint das kleine Land am äußersten Süd-
westrand des Kontinents spätestens seit der Weltausstellung
ganz in den Mittelpunkt Europas gerückt zu sein. Mit seiner stillen Eleganz, dem berühmten fado, der verzaubernd
traurigen Musik, und dem Eigensinn seiner Menschen hat
es Eckhart Nickel, den weltreisenden Schriftsteller, auf
immer für sich eingenommen. Und der weiß inzwischen
neben dem unumgänglichen Portwein die portugiesische
Vorliebe für telenovelas ebenso zu schätzen wie den Klang
der zungenbrecherischen portugiesischen Sprache.

01/1086/01/R